FLORIAN KOßMANN

Offene Herzen, offene Türen

Begegnungen auf dem Eifel-Camino

FSC
www.fsc.org
MIX
Papier aus verantwortungsvollen Quellen
Paper from responsible sources
FSC® C105338

Bibliografische Information der Deutschen Nationalbibliothek: Die Deutsche Nationalbibliothek verzeichnet diese Publikation in der Deutschen Nationalbibliografie; detaillierte bibliografische Daten sind im Internet über dnb.dnb.de abrufbar.

Herstellung und Verlag: BoD – Books on Demand, Norderstedt

Fotos: Florian Koßmann
Aquarelle und Covermotiv: Jacqueline Esser
Lektorat: Claudia Schittek

ISBN 978-3-7534-3948-8

Website: florian-kossmann.de
Instagram: _florian_kossmann_
Facebook: Florian Koßmann
eMail: offene_herzen_offene_tueren@web.de

„Beim Pilgern geht es nicht
um die vielen Kirchen und Kapellen
oder die schönen Landschaften,
sondern viel mehr um die Begegnungen
mit Christus in den Menschen,
die Ihren Weg kreuzen.
Im Austausch mit ihnen wird es gelingen,
den Weg bewusst
als einen Glaubensweg zu gehen,
der Einfluss auf Ihr Leben haben wird."

(Pilgergruß in der Pfarrkirche Heiligste Dreifaltigkeit, Monreal)

Inhalt

Dritter Tag

Vierter Tag

Fünfter Tag

Sechster Tag

Siebter Tag

Achter Tag

Prolog

Am 01. Mai 2019 – genau ein Jahr nachdem ich den Camino Francés in Spanien startete – begab ich mich auf eine Pilgerfahrt durch meine Heimat: Auf den Eifel-Camino.

Dieser Teil des Jakobsweges führt von Namedy nahe meiner Heimatstadt Andernach quer durch die Eifel nach Trier, zum Grab des Apostels Matthias. Noch immer von meinen Erlebnissen und Erfahrungen auf der spanischen Hauptroute des Camino de Santiago begeistert, wollte ich – nach dem ich die Zeit auf dem Pilgerweg so sehr vermisste – endlich wieder Pilgerluft schnuppern.

Die etwa 880 Kilometer von Saint-Jean-Pied-de-Port nach Santiago de Compostela und weiter nach Muxía hatte ich vom ersten Mai 2019 an innerhalb von achtunddreißig Tagen und mit nur leichtem Gepäck von etwa 10 bis 12 Kilogramm zurückgelegt. Den Eifel-Camino wollte ich als Gelegenheit zu einer kleinen Trekkingtour mit Zelt, Kocher und allem, was dazugehört nutzen, um festzustellen, ob mir diese Form des Reisens lag und gefiel. Falls ich merken sollte, dass dem nicht so war, hätte ich bequem innerhalb kürzester Zeit mit Bus oder Bahn wieder nach Hause fahren können.

Durch das gesamte Equipment, einige Lebensmittel und Wasser, erreichte das Gewicht meines Gepäcks bis zu 25 Kilogramm, weshalb ich anstatt der üblichen 8 Tage für die etwa 160 Kilometer lange Strecke lieber 10 Tage einplante. Die letzten Etappen des Eifel-Camino sind nämlich mit etwa

25 Kilometern pro Tag berechnet, was bei dem hohen Gewicht meines Gepäckes zwar machbar ist, aber zum einen anstrengend sein, und zum anderen bei dem verlangsamten Tempo quasi den gesamten Tag in Anspruch nehmen würde. Ich wollte jedoch gerne stets gegen 16 Uhr an einem Ziel sein, um ein wenig entspannen und das Wetter genießen zu können.

Womit wir bei einem wichtigen Punkt wären: Das liebe Wetter ... Das kann man sich bekanntlich leider nicht aussuchen. Doch hatte ich bei der Planung dieser Wallfahrt Hoffnung, dass es dem Wetter im Vorjahr ähneln würde, was bedeutete: Bis zu 25°C und viel Sonne. Mit dem Schneeregen am 03.05.2019 ab 400 Höhenmetern hatte wohl niemand mehr gerechnet. Zelten wurde dadurch zu einer Aktivität, welche ich gerne vermeiden wollte; und glücklicherweise sollte ich vielen ebenso freundlichen wie hilfsbereiten Menschen begegnen, die mir zu einer warmen Bleibe für die Nacht verhalfen.

In dem vorliegenden Buch erzähle ich Dir die Geschichte meines Pilgerweges. Vor allem aber möchte ich die Menschen in den Vordergrund rücken, denen ich begegnete, und durch die meine Wanderung erst zu dem besonderen Erlebnis wurde, das sie war. Es ist eine Geschichte von offenen Armen, offenen Herzen und offenen Türen, und von einer Gastfreundschaft, wie ich sie in Deutschland nie für möglich gehalten hätte.

Die Geschichte darüber, wie ich meinen Glauben verlor – daran, dass es Zufälle gibt. Und ich stattdessen zu dem Wissen – nicht Glauben – fand, dass alles seinen Sinn und seine Vorsehung hat.
Eine Geschichte darüber, dass Wünsche wahr werden können.

Dieses Buch ist all den Menschen gewidmet, die mir bei meiner Wanderung auf dem Eifel-Camino halfen; ganz besonderen Menschen – wie Du und ich.

Ich möchte mir während der Erzählung gelegentlich die persönliche Anrede erlauben, da ich Dich mit auf diese Wanderung nehmen, und meine Fragen und Hinweise ganz genau an Dich persönlich richten möchte.

Ich wünsche Dir viel Vergnügen
auf unserer gemeinsamen Pilgerreise

Buen Camino!

Erster Tag

01. Mai 2019

Von Andernach nach Mayen-Hausen

18 Kilometer

Erkenntnis des Tages:

„Ich habe einen Plan.
Vertraust Du mir?
in Liebe, das Universum"

– (unbekannter Verfasser) –

Der Camino ruft

„Man kann Dir den Weg weisen,
aber gehen musst Du ihn selbst."

– Bruce Lee –

Geh' ich? Geh' ich nicht?
Geh' ich? Geh' ich nicht?

So geht das seit Tagen. Ich bin schon selbst genervt von mir und meiner Unschlüssigkeit. Doch die Wettervorhersage der nächsten Tage lässt mich nun mal wirklich zweifeln: Regen, Kälte, Ungemütlichkeit, Maximaltemperaturen von vierzehn Grad am Tage, Minimaltemperaturen von Null Grad in der Nacht. Soll ich mir das wirklich selbst antun? Aber ich habe doch schon gepackt und allen von meinem Vorhaben erzählt ...

Von Andernach nach Mayen-Hausen

Es ist der Morgen des ersten Mai – der Tag meines geplanten Startes für den Eifel-Camino – und ich weiß noch immer nicht, ob ich losgehen oder lieber doch in die warme Provence fahren soll. Meine Unschlüssigkeit zieht mich emotional sehr runter. Ich entscheide, erst einmal zu meinen Eltern zu fahren, bei denen der gepackte Rucksack steht, und mir dort nochmals in Ruhe die Wettervorhersagen anzusehen. Warum der Rucksack bei meinen Eltern steht? Ich wohne testweise in meinem VW Bus, und der große Einhundert-Liter-Rucksack würde den halben Platz rauben.

Als ich den Schillerring in Andernach entlangfahre, sehe ich auf Höhe des Hallenbades einen Mann. Also, erst einmal erkenne ich nur einen Rucksack mit Armen und Beinen. Als der Mann sich umblickt schätze ich ihn auf Anfang vierzig. Er führt einen Jagdhund an der Leine. In der anderen Hand hält er einen langen Wanderstock – genau so einen, wie ich ihn auf dem Jakobsweg in Spanien dabeihatte, und ebenso wie jener, den ich vor wenigen Tagen aus Haselnuss selbst gefertigt habe. An seinem olivfarbenen Rucksack baumelt eine beige Jakobsmuschel. Er geht zur Stadionstraße Richtung Miesenheim... besser gesagt: Richtung Trier.

Das darf doch nicht wahr sein! Ich bin total aus dem Häuschen. Durch das offene Fahrerfenster lache ich ihm mit breitem Grinsen entgegen, feuere ihn mit erhobenem Daumen an und verspüre eine unglaubliche Euphorie; ein unfassbar starkes Ja-Gefühl.

Das ist doch kein Zufall! Noch nie habe ich in Andernach einen Pilger gesehen. Und nun zum ersten Mal eben genau an jenem Morgen, an dem ich mir unschlüssig bin, ob ich den Eifel-Camino laufen soll oder nicht. Und darüber hinaus in ausgerechnet den Sekunden, in denen ich durch den Schillerring fahre. Das kann kein Zufall sein! Das ist ein Zeichen, was sonst? Ich *soll* losziehen. Der Camino ruft mich.

Na dann: Jö! Das Schicksal darf man nicht herausfordern.

Bei meinen Eltern angekommen erzähle ich ihnen von dieser verrückten Begegnung, während wir gemeinsam frühstücken. Danach schlüpfe ich in meine Wanderkleidung, schultere den Rucksack, und ‚*bin dann mal weg*‘.

Miesenheim

*„Auch der weiteste Weg
beginnt mit einem ersten Schritt."*

– Konfuzius –

Der Morgen ist kühl und recht diesig. Jedoch lässt die Nebeldecke über mir auf einen sonnigen Tag hoffen. Der eigentliche Beginn des Eifel-Caminos befindet sich zwar im Andernacher Stadtteil Namedy, doch ich beginne in Andernach selbst, am Haus meiner Eltern. Als ich hinter dem Ortsausgang am Freibad vorübergehe, kommen mir die ersten Zweifel, ob ich die etwa einhundertsechzig Kilometer bis nach Trier mit dem schweren Gepäck überhaupt schaffe. Dennoch bin ich voller Euphorie.

Ab dem Ortsausgang folge ich dem Radweg entlang dem Nette-Bach nach Miesenheim. Die graue Nebeldecke lässt die grünen Felder zu beiden Seiten des Weges ein wenig trüb aussehen und zaubert ein melancholisches Bild in die Landschaft. Jedes Schild und jede Basaltsäule mit einer gelben Jakobsmuschel darauf geben mir Antrieb und Zuversicht für die bevorstehenden Tage.

In Miesenheim begegne ich am oberen Ende der Neuwieder Straße überraschender Weise einer Bekannten, die ich schon mehrere Jahre nicht gesehen habe. Wir freuen uns beide sehr über das Wiedersehen und unterhalten uns lange über sämtliche Neuigkeiten der vergangenen Jahre. Doch da man Reisende nicht aufhalten soll, verabschieden wir uns bald und ich gehe weiter.

Die Stempelstellen, an denen man seinen Pilgerausweis abstempeln lassen kann, sowie die Kirche St. Kastor sind an diesem Mai-Feiertag leider geschlossen. Vor einigen Häusern stehen Birken, geschmückt mit bunten Bändern oder Kreppband. Es freut mich zu sehen, dass dieser Brauch auch in der heutigen Zeit nicht vergessen zu werden scheint. Auf dem Dorfplatz steht – wie in jedem Dorf, durch das mein Weg führen wird – ein hoher Maibaum, welcher auf eine Feier am Vorabend schließen lässt. Am Bürgerhaus von Miesenheim hinter dem Ortsausgang sehe ich ein paar bekannte Gesichter, die die Reste der ‚Nacht der Männer'-Feier beseitigen.

Plaidt

„Es gibt auf dieser Welt einen einzigen Weg,
den nur Du allein gehen kannst.
Wohin er führt? Frag nicht, geh ihn."

– Friedrich Nietzsche –

Ich folge der Beschilderung des Jakobsweges – den gelben, strahlenförmigen Jakobsmuscheln auf blauem Grund – hinein nach Plaidt. Das Touristenbüro an der Hummerich-Halle ist an diesem Tag leider ebenfalls geschlossen; also wieder kein Stempel. Im Industriegebiet mache ich dort, wo der geschotterte Radweg nach Kruft beginnt eine Rast, um etwas zu essen und zu trinken. Die Nebeldecke hat sich derweil aufgelöst, weshalb ich die Zip-Hose kürzen und das langärmlige Oberteil ausziehen kann. Die Sonne scheint mir warm ins Gesicht. Der leuchtend gelbe Raps steht in voller Blüte. Viele Radler fahren an mir vorüber, grüßen freundlich. Mit einigen wechsele ich kurz Worte. Die anfänglichen Muskelschmerzen durch das schwere Gepäck haben sich weitestgehend gelegt und ich mich gut eingelaufen. Auf der Bordsteinkante sitzend, löffle ich zwei kleine Joghurts, lasse mir dazu Müsli aus der Hand in den Mund rieseln und esse im Anschluss eine Banane; normalerweise bin ich es gewohnt, das Ganze in einer Schüssel zu vermengen, aber unterwegs würde das – und vor allem das Spülen danach – zu viel Aufwand bedeuten. Es muss so gehen.

Ein spazierendes Pärchen mit Kinderwagen kommt aus Richtung Plaidt auf mich zu. Als sie nah genug herangekommen sind erkenne ich eine ehemalige Klassenkameradin aus der Realschule, die ich seit dem Abschluss vor vierzehn Jahren nicht mehr gesehen habe. Wir sind erfreut und überrascht über diese Begegnung. Sie stellt mir ihren Mann vor und wir unterhalten uns lachend über unsere jeweiligen Werdegänge der letzten Jahre, sowie über Ziele, die jeder in der Zukunft anstrebt. Natürlich erzähle ich ihnen von meiner bevorstehenden Wanderung durch die Eifel, woraufhin die beiden mir viel Erfolg wünschen, als wir uns verabschieden.

Es wird ein warmer Tag, und der Duft des Frühlings sowie das frische Grün der Bäume und Felder bereiten mir Freude. Etwa auf der Höhe von Kretz kommt mir ein Wanderer mit großem Rucksack entgegen. Er scheint in etwa meinem Alter zu sein, wirkt sympathisch und gut gelaunt. Ich frage ihn, wohin er unterwegs sei.

„Ich wandere ans Nordkap."

Ich bin total baff: „Ach was!? Und wo bist du gestartet?"

„In Tarifa, im Süden von Spanien", erzählt er stolz.

Ich bin ... baffer ... – wenn es diese Steigerung von ‚baff' überhaupt gibt.

„Wie lange bist du denn schon unterwegs? Und wann etwa wirst du am Nordkap sein?“

„Gestartet bin ich am ersten Januar und erreiche mein Ziel hoffentlich irgendwann im Oktober. Ich gehe jeden Meter zu Fuß, denn für jeden Kilometer zahlen private Spender einen Euro für einen guten Zweck. “

Wir unterhalten uns lange über sein Vorhaben und das Wandern an sich. Er heißt Philipp Fuge und läuft diese Strecke zum Einen natürlich für sich selbst, zum Anderen aber auch für die Spendenaktion eines Naturschutzprojektes. Er gibt mir einen Flyer, mit dem er auf sein Projekt und seine Website samt Blog aufmerksam macht (www.gibraltar-nordkap.com). Philipp erzählt mir, dass er schon einmal von Berlin – woher er stamme – ans Nordkap gelaufen sei, und darüber ein Buch geschrieben habe.

Ich bin beeindruckt, wünsche ihm alles Gute für seine Reise und verabschiede mich von ihm, da wir beide weiter möchten. Diese Begegnung – auch wenn sie nur kurz war – hat mir wirklich Mut gemacht und gezeigt, dass ich das Richtige tue.

Nach der Begegnung mit Philipp bin ich so gut gelaunt, dass ich meinen ersten Videotagebuch-Clip mache ... ein seltsames Gefühl in die Kamera meines Smartphones zu sprechen, habe ich Ähnliches doch vorher noch nie getan, sondern war sogar immer recht kamerascheu. Nachdem aber meine Camino-Gefährtin Jenneke auf dem Jakobsweg in Spanien einen Vlog geführt und ein wirklich schönes Video (*YouTube-Channel: Jenneke van Genechten, Video: The Writer's Vlog: Pilgrimage to Santiago de Compostela 2018 (English)*) ihrer gesamten Erlebnisse – auch unserer gemeinsamen – erstellt hat, will ich Gleiches versuchen, um die Erinnerungen und Eindrücke besser festzuhalten.

Kruft

„Wohin Du auch gehst,
geh' mit Deinem Herzen."

– *Konfuzius* –

In Kruft mache ich auf einer gemütlichen Bank neben einem kleinen Brunnen Rast, sitze ein wenig in der Sonne, um mich zu erholen. Mein Plan für den Abend ist es, auf dem Parkplatz der Fraukirch – einer großen Wiese – zu zelten. Das Wetter ist herrlich und meine Laune könnte besser kaum sein. Ich bin glücklich und fühle mich seit langem endlich wieder gut und am richtigen Ort.

Leider ist das Touristenbüro in Kruft ebenfalls geschlossen, weshalb ich auch hier keinen Stempel bekommen kann. Hinter dem Ort folge ich einem geraden, asphaltierten Radweg durch eine wunderschöne Landschaft mit gelben Rapsfeldern. Vergnügt lasse ich den Pilgerstab in meiner Hand kreisen.

Fraukirch

*„Unseren Weg lernen wir früher kennen
als unser Ziel."*

– Ernst Ferstl –

Kurz vor der Fraukirch spricht mich ein Radfahrer im Alter von etwa sechzig Jahren an und fragt, woher ich komme und wohin ich gehe. Wir unterhalten uns übers Pilgern, da er schon einmal mit dem Fahrrad von Deutschland nach Santiago de Compostela gefahren ist. Als wir uns der Kirche nähern, verabschieden wir uns voneinander.

Auf dem Vorplatz der Fraukirch findet eine Maifeier statt. Ein Bierbrunnen ist aufgebaut, es gibt Kaffee, Kuchen und Grillfleisch. Alle Bänke und Tische sind belegt. Der Lärm überfordert mich nach einem ganzen Tag in der Stille der Natur. Ich lasse meinen Rucksack vor der Kirche stehen und gehe hinein. Es ist ein hübsches und schlichtes Gotteshaus,

mit einem kunstvollen, alten Altar aus Holz. Ich setze mich in eine Bank, um ein wenig auszuruhen und alles auf mich wirken zu lassen. Doch ich kann an Kirchen generell nicht viel finden. Es sind kalte, von Menschen gebaute Mauern, leere Räume. Alle Gesichter der Malereien oder Figuren sind voller Leid, Trauer, Schmerz, Traurigkeit. Wenn das das Christentum widerspiegelt, warum sollte man dann freiwillig einer christlichen Konfession beitreten und sonntags in die Kirche gehen? Um sein Leid zu vergrößern? Das ist mir schleierhaft. Denn warum sollte Gott, der all die Schönheiten und Freuden dieser Welt erschaffen hat, sich in einem Raum voller Tod, Leid, Trauer und Kälte aufhalten?

Neben der Tür ist an der Wand ein kleines Schreibpult angebracht, auf dem der Pilgerstempel und ein Stempelkissen liegen. Ich mache einen Stempel in meinen Pilgerpass und gehe hinaus in die Sonne.

Auf einer Steinbank vor der Gaststätte ‚Fraukircher Hof' ein wenig abseits vom Trubel sitzend, gönne ich mir ein Steak vom Grill und ein alkoholfreies Weizenbier, während ich über den weiteren Verlauf des Abends nachdenke. Denn eigentlich hatte ich geplant, an der Fraukirch zu übernachten. Jedoch steht der Parkplatz voll von Autos und der Lärm der Besucher ist störend. Ich spüre, dass ich nicht hierbleiben möchte. Mir kommt die Idee, mein Zelt einfach irgendwo zwischen der Kirche und Mayen-Hausen am Feldrand aufzuschlagen. Deshalb lasse ich mir vom freundlichen Personal des ‚Fraukircher Hofes' meine Trinkflaschen und den Fünf-Liter-Wassersack füllen, und begebe mich auf den Weg. An den zusätzlichen fünf Kilogramm Wasser habe ich mühsam zu schleppen. Meine Beine schmerzen sehr und haben kaum noch Kraft, die Feldwege hinaufzulaufen.

Mayen-Hausen

*„Nicht der Weg ist das Schwierige,
vielmehr ist das Schwierige der Weg."*

– Soren Kierkegaard –

Kurz vor dem Ortseingangsschild nach Hausen erreiche ich endlich eine große Wildwiese, die sich als Zeltplatz eignen würde. Auf der anderen Straßenseite sehe ich aber zudem das Dach einer Grillhütte gleich neben einem Fußballplatz; auch diese will ich mir einmal ansehen und schauen, ob sie sich als Zeltplatz eignet. Drei Spaziergänger mit Hund kommen mir entgegen. Ich spreche sie an. Einer der drei wohnt in Hausen. Er kann mir zwar auf meine Frage hin keinen geeigneten Zeltplatz nennen, rät mir aber davon ab, mein Zelt auf der Wildwiese aufzuschlagen, da der Besitzer – welcher auf dem Gelände nebenan eine Schweinezucht betreibt – möglicherweise etwas dagegen haben könnte. Die Grillhütte hält er jedoch für eine gute Möglichkeit zur Übernachtung.

Um dorthin zu gelangen, muss ich um den Fußballplatz herumlaufen, auf dem gerade der Platzwart die Linien abkreidet. Ich stelle mich mit einem breiten Grinsen vor den Zaun und hebe die Hand zum Gruß. „Hallo. Entschuldigen Sie bitte“, sage ich. Als er herangekommen ist: „Ich bin Pilger auf dem Weg nach Trier und wollte fragen, ob es möglich ist, hinter der schönen Grillhütte dort zu zelten.“

„Nach Trier? Wo bist du denn gestartet?“

„In Andernach. Heute ist mein erster Tag“, gebe ich lachend zu, „aber ich bin so platt, als wäre ich schon Wochen unterwegs und kann kaum mehr einen Meter laufen.“

„Ja, also die Hütte ist heute nicht vermietet. Spricht also nichts dagegen, dass du dort zeltest.“

„Oh Mann! Das wäre super. Weiter schaffe ich es heute nämlich wirklich nicht mehr. Vielen Dank.“

„Nicht dafür.“

Als ich meinen Rucksack abgestellt und den Wassersack in die Sonne gelegt habe in der Hoffnung, das Wasser würde sich genügend erhitzen, um damit später eine Dusche nehmen zu können, kommt der Platzwart noch einmal heran: „Wenn du willst, kannst du auch in der Umkleide duschen. Ich öffne dir dann eben das Tor dort. Bin ja noch eine Zeit lang hier.“

„Oh, wow, vielen Dank.“ Ich bin sehr dankbar; was für ein Glück! So schultere ich wieder den Rucksack und folge ihm zum Tor, durch das er mich hineinlässt.

„Dort draußen die Tür lasse ich dir über Nacht offen. Das ist die Gästetoilette.“

„Wow! Vielen, lieben Dank. Wie heißt du?“, frage ich.

„Ich bin der Heiner."

„Heiner, ich weiß gar nicht, wie ich dir danken soll."

„Ach Quatsch! Hast Schwein gehabt, dass ich gerade hier war."

„Nee, nee, ich glaube bei so etwas nicht mehr an Zufälle; sowas ist Fügung." Ich erzähle ihm von meinen tagelangen Zweifeln über den Eifel-Camino, von dem Pilger, welchen ich am Morgen in Andernach gesehen hatte, und davon, dass ich eigentlich an der Fraukirch zelten wollte, es mir dort jedoch zu laut war.

Die Duschen sind zwar leider kalt, aber da mir vom Marschieren noch sehr warm ist, macht es mir nicht so viel aus. Schnell wasche ich auch noch meine schweißnasse Wäsche durch. Ich bin froh, später nicht verschwitzt in den Schlafsack kriechen zu müssen. Draußen setze ich mich noch kurz zu Heiner, der mittlerweile fertig mit seiner Arbeit ist, und wir unterhalten uns über das Pilgern und den Jakobsweg in Spanien, bis er sagt: „Komm, ich zeig dir, wo du in der Hütte Lichtschalter und Steckdosen findest."

Gemeinsam gehen wir hinüber und er zeigt mir alles. Ich danke ihm nochmals sehr, als wir uns verabschieden. Dann hänge ich die Wäsche zum Trocknen auf, mache ein Video und lege mich mit meiner Isomatte auf eine Bank, um ohne Oberteil das Gefühl der warmen Nachmittagssonne auf meiner Haut zu genießen und ein wenig zu dösen.

Ich entscheide kurzerhand, mein Zelt gar nicht aufzustellen, sondern einfach auf einer Bank in der Grillhütte zu schlafen; so kann ich mir die ganze Arbeit mit dem Auf- und Abbau ersparen. Zum Abendessen koche ich auf meinem Gaskocher Spagetti mit Tomatensauce; vorzüglichst! Nach dem Abendessen spüle ich im Waschbecken der Herrentoilette mein Geschirr, lege es zum Trocknen in die schwächer werdende Sonne und bereite in der Hütte mein Bettchen. Am Kopfende lege ich Pfefferspray, Stirnlampe und den Pilgerstab zur Verteidigung bereit; nur für den Fall der Fälle. Doch bei der Vorstellung, mich mit dem Stab zu verteidigen, muss ich grinsend an asiatische Kampfmönche mit ihren Stöcken denken. Kampfmönch!!! Allein das Wort schon; verrückt.

Abends schaue ich mir den schönen Sonnenuntergang an, der alles in ein rötliches Licht taucht. Später dann bin ich froh über das elektrische Licht in der Hütte, welches mir erlaubt, noch ein wenig zu lesen. Doch schon bald bin ich zu müde und krieche in den Schlafsack. Das Thermo-Inlett lege ich griffbereit, falls mir zu kalt werden sollte.

Auf dem Bolzplatz neben dem Fußballplatz spielen ein paar Teenager Fußball. Ich kann nicht wirklich einschlafen, da ich mir ein wenig Sorgen darüber mache, dass nachts noch irgendwer auftauchen könnte: Ein Tippelbruder, oder betrunkene Jüngelchen, die hier einige Bier zischen wollen. Mein Hauptproblem dabei ist, dass ich ohne Brille quasi blind und absolut wehrlos bin, und die Vorstellung, in der Nacht durch den Lärm von irgendwem aufzuschrecken, kaum aus dem engen Schlafsack zu kommen, dann noch nach meiner Brille tasten zu müssen und sie in der Hektik womöglich noch hinunterzuwerfen und wehrlos zu sein, gefällt mir gar nicht. Ein Zelt bietet zwar keinen direkten Schutz, aber es gibt einem zumindest ein Gefühl von mehr Sicherheit. Zudem kann von außen niemand direkt ersehen, ob nur eine Person darin liegt, oder vielleicht zwei Wanderer samt Hund – was für einen Verbrecher natürlich einen großen Unterschied machen würde. Aber in der offenen Grillhütte bin ich viel mehr ausgeliefert, weshalb ich entscheide, mit Brille zu schlafen, was auch einigermaßen funktioniert. Doch eine wirklich ruhige Nacht ist es nicht, da ich immer wieder aufwache.

Zweiter Tag

02. Mai 2019

Von Mayen-Hausen nach Monreal

12 Kilometer

Erkenntnis des Tages:

„Beim Pilgern geht es nicht um Kirchen,
Kapellen oder schöne Landschaften.
Sondern viel mehr um die Begegnungen
mit den Menschen, die Ihren Weg kreuzen."

– (aus einem Pilgergruß abgewandelt) –

Mayen

„Der Jakobsweg ist eine Reise der Seele."

– Shirley MacLaine–

Es ist kalt, als ich erwache. So tief wie möglich verkrieche ich mich in den warmen Schlafsack und luge aus einer kleinen Öffnung heraus, durch die ich Luft bekomme. Der Morgen dämmert noch. Es ist leicht neblig, eine Amsel singt zurückhaltend. Ich schaue mich um, und muss breit grinsen, als ich mir vorstelle, ich würde mich mit den Augen einer zweiten Person hier zwischen der Ausrüstung liegen sehen; beziehungsweise den offensichtlich gefüllten Schlafsack.

Du glaubst nicht, wie froh ich bin, in dieser Situation zu sein. Endlich mal wieder etwas erleben; etwas anderes machen; raus aus der Komfortzone. Das einzige, was meine Stimmung ein wenig dämpft, ist die Frage, wie ich jetzt zu Frühstück und einem warmen Tee komme, ohne den gemütlichen Schlafsack hinaus in die Morgenfrische verlassen und in die kalten Klamotten schlüpfen zu müssen. Oh Mann, zu viele Herausforderungen für einen Morgen. Doch gebe ich mir einen Ruck und mache es einfach; das bin ich ja vom vergangenen April, seitdem ich im VW Bus lebe, schon einigermaßen gewohnt.

Am Waschbecken der Toilette hole ich frisches Wasser, brühe mir damit einen Tee auf und nutze den kleinen Rest heißen Wassers, um den Naturjoghurt zu verdünnen und gleichzeitig anzuwärmen, in den ich Müsli und eine geschnittene Banane mische. Es schmeckt köstlich; umso mehr hier draußen und nach der Anstrengung des gestrigen Tages. Nach dem Frühstück mache ich einen Videotagebuch-Clip, spüle das Geschirr am Waschbecken aus, packe meine Sachen in den Rucksack und starte in den zweiten Tag.

Die ersten Schritte fallen mir wirklich schwer, so sehr schmerzen meine Beinmuskeln von der gestrigen Belastung. Dennoch habe ich große Lust weiterzulaufen. Ich muss nur erst einmal langsam warm werden. Entlang der L98 laufe ich nach Hausen hinein. An einer Straßenkreuzung trotte ich nach links die Dorfstraße bergauf durch den Ort. Ab ihrem Ende folge ich einer ehemaligen Bahntrasse – die nun, von viel Grün umgeben, den asphaltietren Maifeld-Radweg bildet – stetig bergauf zum Mayener Ost-Bahnhof. Ein Zug fährt vorüber in Richtung Andernach. Schon verrückt, dass ich mit diesem Zug die Strecke, für die ich nun über einen Tag zu Fuß brauchte, innerhalb von etwa fünfzehn Minuten zurücklegen könnte. Leicht frustrierend. Aber es geht mir ja nicht darum anzukommen – sonst wäre ich sofort mit der Bahn nach Trier gefahren –, sondern ums Unterwegssein und die Erfahrungen dabei.

Heinz Schäfer

„Wir alle sind Pilger,
die auf ganz verschiedenen Wegen
einem gemeinsamen Treffpunkt zuwandern."

– Antoine de Saint-Exupéry –

Als ich durch Mayen hinab in die Altstadt laufe, merke ich immer wieder lange und forschende Blicke anderer Passanten. Mein Pilgerstab scheint die Menschen etwas zu irritieren ..., denn wann sieht man mal jemanden mit einem solchen Gegenstand durch die Stadt laufen. Und zugegeben: Mit dem Einhundert-Liter-Rucksack sehe ich auch aus, als ginge ich auf eine Himalaja-Expedition ... in Mayen.

Durch das wunderschöne Brückentor hindurch gelange ich in die historische Altstadt und setze Mayen gedanklich auf meine Liste der Orte, die ich in der nächsten Zeit genauer besichtigen möchte. Es ist schon verrückt: Da wohnt man nur wenige Fahrminuten entfernt und war trotzdem noch nie wirklich dort.

An der Kirche St. Clemens erkenne ich das schöne Sandsteinrelief mit dem Jakobspilger wieder, das auch in meinem Pilgerführer abgebildet ist. Ich trete auf die andere Seite der Straße, um ein Foto davon zu machen. Eine Ladenbesitzerin, die neben mir ihre Ware vor dem Geschäft platziert, spricht mich an, ob ich Pilger sei, woher ich komme, und wohin ich gehe. Wir unterhalten uns ein wenig; und zwar ‚zufällig' (ja, da haben wir das Thema wieder) genau so lange, dass ich nach dem Gespräch zeitgleich mit einem Herrn im Eingang der Kirche stehe, als ich mir einen Stempel in den Pilgerpass setze.

„Sind Sie Pilger?", fragt dieser mich.

„Ja, ganz richtig."

„Wo sind Sie denn gestartet?"

„In Andernach. Ich laufe den Eifel-Camino bis nach Trier."

„Dann habe ich Ihnen vor kurzem den Pilgerausweis zukommen lassen."

Ich bin kurz etwas irritiert, bis ich verstehe: „Dann sind Sie Heinz Schäfer?"

„Genau."

Ich öffne den Pilgerausweis und zeige auf die erste Innenseite: „Hier ist Ihre Unterschrift."

„Ganz recht", er lächelt zufrieden. Ich stelle mich ihm vor und wir geben einander die Hände. „Waren Sie schon im Pfarrhaus, um sich einen Stempel zu holen?"

„Nein, ich habe mir aber gerade hier am Eingang einen Stempel ins Heftchen gemacht."

„Im Pfarrhaus haben wir noch einen anderen. Kommen Sie mal mit."

Ich folge ihm, und wir unterhalten uns unterwegs über den Jakobsweg und das Pilgern. Ich erzähle Herrn Schäfer, dass ich im vergangenen Jahr den Camino Francés in Spanien gelaufen sei, und er mir wiederum, dass er über mehrere Jahre in Etappen von Mayen nach Santiago pilgerte.

Er klingelt an der Tür des Pfarrhauses, welche daraufhin elektrisch geöffnet wird, und wir betreten nach Anklopfen ein Büro zur linken des Flures. Eine freundliche Dame sitzt hinter dem großen Schreibtisch.

„Ich bringe hier einen Pilger aus Andernach auf seinem Weg nach Trier", erklärt Herr Schäfer ihr strahlend. „Er würde sich gerne einen Stempel bei Ihnen holen."

Die Frau kommt der Bitte gerne nach und unterhält sich noch kurz mit Heinz Schäfer; beide kennen sich. Ich verabschiede mich von der Dame und Herr Schäfer begleitet mich zurück zur Kirche. Auf dem Vorhof wird er mehrfach von Passanten sowie Bewohnern oder Besuchern des angrenzenden Seniorenheimes angesprochen – er schein bekannt zu sein, wie ein bunter Hund. Dann erklärt er mit ein paar Details zum Verlauf des weiteren Weges. Weiter erzählt Herr Schäfer, dass er Initiator des Eifel-Camino sei. Unter der Sankt-Matthias-Bruderschaft Mayen – deren Ehrenbrudermeister er ist – wurde der Pilgerweg mit großem finanziellem Aufwand ausschließlich aus Spenden eingerichtet. Viele Stelen aus Basalt sowie Hinweistafeln säumen den Weg bis nach Trier und bieten den Pilgern gute Orientierung.

Wir tauschen uns noch ein wenig aus und er bittet mich, ihm nach dem Camino eine E-Mail mit meinen Erlebnissen sowie Hinweisen zur Wegführung zu schreiben. Dann geben wir einander zum Abschied die Hände, und ich besichtige die Kirche.

DHEUFT
JAKOBSWEG

Maye majoh!

*„Wege, die in die Zukunft führen,
liegen nie als Wege vor uns.
Sie werden zu Wegen erst dadurch,
dass man sie geht."*

– Franz Kafka –

Auf dem Marktplatz unter der Genovevaburg angelangt, brauche ich einige Sekunden, um mich zu orientieren. Dann entdecke ich das historische Rathaus, in welchem sich nun das Touristenbüro und damit die Stempelstelle befindet. Ich komme mir sehr unbeholfen vor, als ich mit dem riesigen Rucksack das Gebäude betrete. Am Infoschalter frage ich den jungen Angestellten nach einem Stempel, lege ihm den Pilgerausweis auf den Tisch und er setzt den Stempel hinein; leider verkehrt

herum. Wat'n Dappes! Mein vierter Stempel steht Kopf. Naja, was soll's? Alles eine Frage der Perspektive, oder?
In der nahegelegenen Bäckerei gönne ich mir ein zweites Frühstück und einen grünen Tee dazu, lausche den Gesprächen der Gäste und beobachte vom Fensterplatz aus das Treiben in der Fußgängerzone.

Gestärkt und ausgeruht setze ich meinem Weg fort. Auf dem Marktplatz ernten Pilgerstab und Rucksack wieder Blicke. Die Jakobsmuscheln führen mich aus der Altstadt hinaus, durch ein Stadttor hindurch, von wo sich mir nochmal ein schöner Blick auf die Genovevaburg bietet.

Da die Sonne scheint, es wärmer wird und mein Weg nun bergan steigt, kürze ich die Zip-Hose und ziehe das langärmlige Hemd aus. Bald führen mich die Wegmarkierungen aus Mayen heraus und wieder über Feldwege, vorbei an frischgrünen Feldern und Wiesen – auf einer sehe ich ein Reh stehen. Butterblumen bedecken neben anderen Wildblumen die Wiese mit bunten Farbklecksen. Eine Feldlärche trällert über mir. Sonne und Wärme tun gut. Nach Überquerung einer Bahntrasse verläuft der Weg noch ein wenig über die Felder, bis er in einen Wald hineinführt. Das Laub der Buchen und Haselnusssträucher ist jung und strahlt in frischem Grün. Vögel singen in den Bäumen. Ich bremse meinen Schritt bewusst, neige ich doch leider dazu, zu beschleunigen und zu schnell zu gehen. So schnell, dass ich mehr auf meine Atmung achte als auf die Schönheit, die mich umgibt. Und zu schnell, um in Ruhe in mich gehen oder nachdenken zu können. Und genau das ist ja einer meiner Hauptgründe für solch eine Pilgerreise: In Ruhe und umgeben von der Natur fernab des Alltages und der gewohnten Umgebung meine Vergangenheit und Gegenwart zu reflektieren, sowie meine Zukunft zu visualisieren und zu manifestieren.

Es ist für mich sowohl eine spirituelle Reise als auch eine Auszeit vom oft so unbewusst gelebten Alltag. Eine Möglichkeit der Transzendenz.

Auf einer kleinen Lichtung erreiche ich die Waldkapelle. Sie wurde nach dem Ende des Zweiten Weltkrieges – in welchem die Stadt Mayen fast vollständig zerstört worden war – zu Ehren der Gottesmutter Maria als Dank für die Errettung aus großer Not errichtet. Leider ist sie verschlossen. Von hier steigt der Eifel-Camino einen geraden Waldweg bergan. Der Aufstieg ist schweißtreibend, auch wenn mir ein kühler Wind entgegenweht und ich sehr langsam kleine Schritte setze.

Bald muss ich eine kreuzende Straße queren, die ich – nachdem ich mich ein wenig orientiert habe – als die L98 wiedererkenne, welche zu meiner Linken hinab nach Monreal führt. Auf der anderen Seite der Straße folge ich in kleinen Schritten einem geschotterten Weg zwischen knallgelben Rapsfeldern hinauf. Mein Pilgerstab, den ich – wie schon den ersten auf dem Camino Francés – auf den Namen ‚Hape' getauft habe (in Anlehnung an Hape Kerkeling), ist mir dabei eine große Hilfe. Auf dem höchsten Punkt des Hügels steht eine hohe Basaltsäule, aus der wunderschön und sehr kunstvoll ein Pilger zusammen mit der Gravur ‚Santiago 2125 km' und einem Pfeil herausgemeißelt ist, in dessen Zeigerichtung ich unterwegs bin. Die Säule steht inmitten eines für Wandervögel wie mich angelegten hübschen Rastplatzes. Nebst Bienenhotel, Infotafel und noch jungen Bäumen gibt es hier zwei Sitzgruppen – jeweils bestehend aus einem Tisch mit zwei Bänken aus Holz –, welche leider beide besetzt sind. Auf der hinteren sitzt ein Pärchen im Alter von etwa Anfang dreißig, auf der vorderen – mir am nächsten – ein Mann zwischen fünfzig und sechzig Jahren.

Ich setze meinen Rucksack nahe der Säule ab, um ein wenig zu verschnaufen. Mit dem Hemd wische ich mir den Schweiß aus dem Gesicht, bevor ich es als Schutz vor dem kalten Wind anziehe. Dabei lasse ich mir ein wenig Zeit um zu schauen, ob vielleicht eine Sitzgruppe frei wird. Doch niemand verlässt den Rastplatz, und das ist – wie mir im Nachhinein klar wird – auch kein Zufall. Wäre nämlich ein Tisch frei gewesen, hätte ich mich an diesen gesetzt, und es würde nicht zu der Begegnung gekommen sein, von der ich Dir nun erzählen möchte.

Rolf

„Es sind die Begegnungen mit Menschen,
die das Leben lebenswert machen."

– Guy de Maupassant –

Der Mann am vorderen Tisch lächelt mir freundlich entgegen und lädt mich mit einer Geste seiner Hand ein, ihm gegenüber Platz zu nehmen. Ich folge seiner Einladung: „Vielen Dank. Der Anstieg von Mayen war wirklich anstrengend und ich brauche ein Päuschen."

„Das glaube ich dir. Vor allem bei deinem riesigen Rucksack. Wie viel Kilo schleppst du denn mit dir herum?"

„Fünfundzwanzig Kilo in etwa", antworte ich und erzähle, dass ich mich in einer Trekkingtour mit Zelt, Schlafsack und Kocher ausprobiere.

„Und wohin wanderst du?"

„Ich laufe den Eifel-Camino von Andernach nach Trier; in acht bis zehn Tagen, je nachdem, wie gut ich mit dem Gepäck vorankomme."

„Und das ist ein Jakobsweg, richtig?"

„Genau. Nachdem ich im vergangenen Jahr den Camino Francés in Spanien gelaufen bin, und mir sowohl das Wandern als auch das Feeling so gut gefallen haben, wollte ich das auch gerne mal in der Heimat testen."

„Und wieso pilgerst du? Also ich meine: War der Jakobsweg in Spanien eine religiöse Sache für dich?"

„Nein, ich persönlich halte von Religion im Sinne der traditionellen Konfessionen nicht allzu viel. Es hatte vielmehr spirituelle Beweggründe."

„Ah, interessant", sagt der Mann erstaunt. „Und wie kommt das in deinen jungen Jahren? Wie alt bist du, wenn ich fragen darf?"

„Darfst du", erwidere ich lachend. „Ich bin dreißig; also letztes Jahr geworden, und das war auch der Grund, in eben jenem Jahr den Jakobsweg zu gehen. Ich wollte mal einen kleinen Schnitt in meinem Leben machen, Zeit zum Nachdenken haben, für eine Weile aus dem gewohnten Umfeld herauskommen. Ich brauchte eine Gelegenheit, die vergangenen zehn Jahre zu reflektieren und zu schauen, ob ich zufrieden auf sie zurückblicken kann; ob ich erreicht habe, was ich mir vorgenommen hatte. Und ich wollte die nächsten zehn Jahre visualisieren; überlegen, ob ich die vergangenen nochmal genauso leben will, oder vielleicht etwas ändern möchte."

„Und? Zu welchem Schluss bist du gekommen?"

„Zu dem, dass ich einiges anders machen will. Ich habe zwar in Bezug auf meine persönliche Weiterentwicklung viel erreicht, worüber ich auch sehr froh bin, aber meine Träume im Bezug aufs Reisen habe ich mir noch nicht wirklich erfüllt. Zwar bin ich so oft gereist, wie ich konnte und der Beruf es zuließ, aber bei Weitem nicht so viel, wie ich eigentlich wollte. Und das eigentliche Problem daran, dass ich meine Ziele nicht erreicht habe, war, dass ich mir keine klaren Ziele gesetzt hatte. Das habe ich nun geändert, und es läuft gut bisher.

Ich bin sogar schon so weit, dass ich seit Anfang April in meinem VW Bus wohne, um das Geld, welches ich bisher für die Miete meiner Wohnung zahlte, nun für eine Langzeitreise sparen zu können."

Wir lachen beide, da dies wirklich ungewöhnlich ist. Doch der Mann ist – wie die meisten, denen ich davon erzähle – begeistert von der Idee des Vanlife.

„Respekt! Das ist mutig", sagt er.

„Danke. Aber ich habe schon lange von einem Leben im Bus geträumt, jedoch nie den Mut aufgebracht, es durchzuziehen. Und nun schlage ich mehrere Fliegen mit einer Klappe: Ich erfülle mir den Traum vom Vanlife, nutze den Bus endlich einmal voll aus, spare dadurch viel Geld für meinen Traum einer Langzeitreise und kann zudem jeden Tag woanders sein."

„Wie heißt du denn eigentlich? Mein Name ist Rolf."

Wir reichen einander die Hände, und ich stelle mich ihm vor.

„Also. Das klingt, als hätte der Jakobsweg dich weitergebracht?", fragt Rolf.

„Ja, auf jeden Fall. Er war eine unglaubliche Bereicherung und hat vieles in meinem Leben verändert."

„Ein Freund von mir ist ihn auch einmal gegangen. Die Ärzte hatten ihm noch etwa vier Monate zu leben prophezeit, da sein Krebs schon so weit fortgeschritten war und die Chemo auch nichts mehr brachte. Damit wollte er sich aber nicht zufriedengeben und ist den Jakobsweg gepilgert. Sogar von Trier aus."

Ich staune: „Oh, Wahnsinn! Da ist man ja etwa vier Monate unterwegs. Wann war denn das?"

„Vor elf Jahren. Und er lebt noch heute."

Ich bin sehr verblüfft, aber man hört oft von Wunderheilungen auf dem Jakobsweg. Rolf berichtet weiter: „Er hat unterwegs zu sich selbst und seinem inneren Seelenfrieden gefunden, und war dort so sehr in Einklang mit sich und so glücklich, dass sein Körper sich selbst heilte."

„Wow, unglaublich."

Wir unterhalten uns weiter über Spiritualität und irgendwann sagt Rolf ein paar sehr treffende Dinge über meine Persönlichkeit, die mich irritieren, da er sie nicht wissen kann.

„Woher weißt du das?", frage ich ihn.

„Ich spüre es."

„Bist du ein Heiler oder Medium?"

„Ja, so in der Art. Ich spüre die Energien von Menschen, finde darüber zusammen mit dem Klienten dessen Blockaden und kann ihm durch Reiki helfen, diese zu lösen."

„Rolf, ich bin gerade ziemlich baff. Vorgestern Abend – also an dem Tag, bevor ich losgegangen bin – habe ich eine E-Mail an eine ganzheitliche Heilerin geschrieben. Denn seit fast einem Jahr – seit ich vom Jakobsweg zurück bin – spüre ich eine tiefe Unzufriedenheit in mir. Eine sehr bedrückende Unzufriedenheit, die mich arg frustriert und lähmt, und durch die ich im vergangenen Jahr kaum einen Tag hatte, den ich als ‚schön' oder ‚fröhlich' bezeichnen würde. Und ich habe keine Ahnung, woher sie kommt, und wie ich sie loswerde. Deshalb wollte ich diese Heilerin um Hilfe bitten. Denn ich glaube, allein finde ich aus diesem Tief nicht heraus. Ich hatte der Heilerin geschrieben, weil ich hoffte, sie könnte mir helfen, zu meinem inneren Frieden zurückzufinden. Etwa in den Jahren 2013 und 2014 hatte ich eine unglaubliche Zufriedenheit und eine wahnsinnig gute Lebensqualität. Alles war super, ich war absolut zufrieden, wie ein Zen-Meister. Ich brauchte niemanden, vermisste nichts, hatte keine Sorgen; habe mich innerlich wohl gefühlt. Ich hatte das Gefühl, bei mir selbst angekommen zu sein; meinen inneren Frieden gefunden zu haben. Aber das alles ist seit einigen Jahren wie weggeblasen.

Und besonders schlimm war das vergangene Jahr. Zum ersten Mal litt ich unter dem Gefühl von Einsamkeit, beziehungsweise leide noch immer darunter. Aber es ist nicht so, dass sich im Außen viel zum Negativen geändert hätte, denn ich habe schon immer alles allein gemacht; doch im vergangenen Jahr habe ich sehr darunter gelitten. Es frustriert mich, dass man bei der Lebensweise in unserer heutigen Gesellschaft keine Zeit mehr für Freundschaft hat. Kein Wunder, dass so viele Menschen sozial isoliert leben und depressiv werden. Ich hatte der Heilerin vorgestern per E-Mail geschrieben. Heute Morgen habe ich eine Absage von ihr bekommen, da sie aus gesundheitlichen Gründen keine Kunden mehr annehmen könne. Und jetzt – keine vier Stunden später – treffe ich dich, Rolf. Ich bin gerade sehr irritiert. So etwas ist doch kein Zufall!?"

„Nein, da gebe ich dir Recht. Das ist ganz sicher kein Zufall. Es ist Fügung. Aber sag mir mal: Wo sitzt deine Unzufriedenheit?"

Ich bin kurz verwirrt und denke nach.

„Beantworte meine Frage nicht mit dem Kopf!", sagt er mit seiner sanften, einfühlsamen Stimme. „Spüre in dich hinein, wo deine Unzufriedenheit sitzt! Zeige einfach darauf!"

Dies ist ein Moment, der mir so nahe und so tief in mein Innerstes geht, dass mir die Tränen kommen und ich beinahe zu weinen beginne, als ich die geballte Faust auf mein Brustbein lege.

Rolf lächelt wissend und fragt dann sanft: „Und was sitzt dort?"

„Mein Herz", bekomme ich nur heiser hervor.

„Und damit auch dein Herz-Chakra", ergänzt Rolf. „Du fühlst dich einsam, weil dein Herz-Chakra verschlossen ist. Und dadurch wiederum bist du unglücklich."

Er erklärt mir noch einiges darüber, bis ich ihn „Kannst du mir helfen, mein Herz-Chakra zu öffnen?"

„Ich praktiziere aktuell nur gelegentlich privat und mache mich erst bald als Heiler selbstständig. Aber ja, ich helfe dir gerne. Du kannst mich besuchen kommen."

Wir tauschen Adressen und Mobiltelefonnummern aus und unterhalten uns noch ein wenig. Doch da ihn friert, bricht er bald auf. Ich umarme Rolf fest, wir verabschieden uns herzlich und verabreden, in Kontakt zu bleiben. Dann spaziert er jenen Weg in Richtung Mayen hinab, welchen ich vorhin hinaufgestapft kam. Das Paar, das auf der anderen Bank gesessen hatte, muss in der Zwischenzeit ohne unser Bemerken ebenfalls gegangen sein.

Noch immer bin ich überwältigt und erzähle das eben Geschehene sofort einer Freundin via Sprachnachricht. Da ich viel zu berichten habe, dauert die Nachricht recht lange – und auch das soll kein Zufall sein, denn während ich ins Smartphone spreche, sehe ich ein Auto den Schotterweg heraufkommen. Als der Fahrer das Fenster hinablässt, bestätigt sich meine Vermutung: Rolf.

Ich gehe zum Weg hinab, auf dem er hält.

„Florian, ich möchte dir etwas mitgeben."

„Wenn es nicht zu viel wiegt", scherze ich.

Er öffnet ein kleines Beutelchen und lässt daraus einen violettgemusterten, glattgeschliffenen Stein in seine Hand gleiten, den er mir überreicht.

„Was ist das?", möchte ich von ihm wissen.

„Du wirst es merken. Trage ihn so nah an deinem Herzen wie möglich!"

„Das werde ich. Vielen Dank, Rolf. Ich bin sehr dankbar für diese Begegnung."

„Mach's gut! Und melde dich, falls du Rat brauchst oder reden möchtest. Buen Camino!"

„Danke. Gute Fahrt!"

Rolf setzt den Wagen nach links zurück und winkt noch lange aus dem Fenster, während er den Schotterweg wieder hinabfährt. Ich winke ebenfalls und schaue ihm noch eine Weile hinterher; den Stein fest in der Hand haltend.

Eine Zeit lang bleibe ich noch am Rastplatz sitzen, befühle den glatten Stein und lasse das eben Geschehene auf mich wirken. Dann stecke ich Rolfs Geschenk in die linke Brusttasche meines Hemdes; möglichst nah ans Herz.

Ich bin so euphorisch, dass ich ein Tagebuch-Video mache, um das Erlebte im Detail zu dokumentieren. Dann treibt der kalte Wind mich zum Weitergehen an. Ich schultere den Rucksack und marschiere los. Über einen wahrscheinlich von Wildschweinen aufgewühlten Feldweg geht es hinab in den Wald. Das Sonnenlicht lässt das Grün der jungen Blätter hell und frisch leuchten. Ich bin durch die Begegnung mit Rolf und die frühlingshafte Szenerie in diesem Wald voller Energie und Elan, genieße jeden Schritt, staune über die Schönheit und das sprießende Leben um mich herum, und strahle bis über beide Ohren. Ich bin unfassbar glücklich, den Weg gestartet zu haben und von einer tiefen Dankbarkeit erfüllt für das Zeichen am gestrigen Morgen – den Pilger in Andernach.

Der Weg ist wirklich schön. Bald erreiche ich den plätschernden Trillbach, welchem ich durch ein hübsches Tal bis fast hinunter nach Monreal folge.

Monreal

„Das Glück muss entlang der Straße gefunden werden, nicht am Ende des Weges."

– David Dunn –

Ein Stück führt der Weg entlang der L98, bis zum Friedhof mit seiner schönen und alten Kapelle St. Georg. Wie beinahe jede Kirche oder Kapelle, an der ich in den nächsten Tagen vorbeikommen werde, sehe ich mir auch dieses Gotteshaus genau an. Die Stille des schlichtgehaltenen Raumes empfängt mich. Ich nutze die Gelegenheit, um in einer Gebetbank zu verschnaufen und den Innenraum auf mich wirken zu lassen. Die Gemälde der Kreuzigungsstationen bestechen durch ihre Kunstfertigkeit. Jedes einzelne betrachte ich genau aus der Nähe. In der bedächtigen Stille des Raumes wirken sie wie stumme Schreie; wie Mahnbilder.

Die Ruhe erfüllt mich mit neuer Energie. Nach Verlassen der Kapelle betrete ich den historischen Ortskern. Monreal ist selbst nach Jahren noch immer eines meiner liebsten Ausflugsziele der Region. Ich fühle mich sofort um mehrere Jahrhunderte zurückversetzt, in die Zeit der wohlhabenden Tuchmacher, welche in den wunderschönen rotweißen Fachwerkhäusern zu Füßen der Löwen- und der Philippsburg lebten und arbeiteten. Dieser Ort verdient zurecht den ihm verliehenen Titel ‚Perle der Eifel'. Mit seinen beiden Burgruinen, den alten Gebäuden zu beiden Seiten des glucksenden Elzbaches und seiner verträumten Atmosphäre lädt der Ort zum Verweilen ein.

Vor dem ‚Café Plüsch' setze ich mich an ein kleines Tischchen. Die freundliche Bedienung nimmt meine Bestellung entgegen: Ein alkoholfreies Weizenbier und einen Strammen Max. Ich würde sehr gerne in Monreal übernachten, um den Nachmittag und Abend in dieser heimeligen Atmosphäre zu genießen und irgendwo das Buch zu lesen, welches ich mit mir führe. Die Unterkünfte, welche im Pilgerführer stehen oder im Internet zu finden sind, übersteigen mein Budget, weshalb ich mit dem Gedanken spiele, am Ortsrand zu zelten.

Die Bedienung bringt meine Mahlzeit; es schmeckt herrlich. Vier ältere Damen kommen, setzen sich ebenfalls an einen Tisch in die Sonne und bestellen Kaffee und Kuchen. Sie plaudern miteinander; ich lausche ihrem Kaffeekränzchen, da ich die Unterschiede zwischen ihrem mayener und meinem andernacher Dialekt amüsant finde. Nachdem ich gegessen und eine ganze Weile überlegt habe, wie es nun weitergehen soll, bezahle ich und begebe mich hinauf zur Straßenecke ins ‚Café Brixus', um mir dort einen Stempel in den Pilgerausweis geben zu lassen. Danach schlendere ich weiter durch die Straßen, was ohne den großen Rucksack wesentlich entspannter wäre.

Erika

„Sei freundlich beflissen
in Deinem Hause den Pilger zu laben,
weil ohn' es zu wissen,
schon manche so Engel bewirtet haben."

– Friedrich Rückert –

Am Eingang der Pfarrkirche Heiligste Dreifaltigkeit stelle ich Rucksack und Pilgerstab ab, bevor ich eintrete. In ihrem Inneren ist es still. Niemand ist dort und die Atmosphäre überaus angenehm. Die Kirche ist historisch eingerichtet. An einem Pult gibt es einen Stempel mit einer schönen Abbildung der Pfarrkirche. Neben dem Stempelkissen klebt eine Karte, welche sich an die Pilger richtet:

Willkommen, lieber Pilger,

in unserer Pfarrkirche Kreuzerhöhung hier in Monreal. Die Kirche liegt auf dem von der St. Matthias-Bruderschaft Mayen neu belebten, mittelalterlichen Pilgerweg nach Santiago de Compostela. Er führt am Grab des Apostels Matthias in Trier vorbei hin zum Grab des Apostels Jakobus. Man könnte also sagen, Sie befinden sich auf der Spur der heiligen Apostel. Wie sie ihren Weg zu Christus gegangen sind, so haben auch Sie sich auf den Weg gemacht, Christus neu zu entdecken.

Dabei geht es nicht um die vielen Kirchen und Kapellen, die Sie unterwegs sehen werden, nicht um die schönen Landschaften, die Sie durchqueren werden, sondern viel mehr um die Begegnungen mit Christus in den Menschen, die Ihren Weg kreuzen. Im Austausch mit ihnen wird es gelingen, den Weg bewusst als einen Glaubensweg zu gehen, der Einfluss auf Ihr Leben haben wird.

E ultreia! E sus eis! Deus aia nos y Santiago!
Weiter! Auf geht's! Gott steh' uns bei und Sankt Jakobus!

... sondern viel mehr um die Begegnungen mit Christus in den Menschen, die Ihren Weg kreuzen.

Dieser Satz berührt mich sehr, da er mir unmittelbar die bisherigen Begegnungen meiner Wanderung ins Gedächtnis ruft. Und auch in den noch vor mir liegenden Tagen werde ich noch oft an diesen Spruch denken; und im Besonderen bei jener Begegnung, von der ich Dir nun erzählen möchte.

Von früheren Besuchen in Monreal weiß ich, dass es auf der anderen Seite des ehemaligen Pfarrhauses, welches sich nur wenige Meter entfernt der Kirche an dem kleinen Kirchplatz befindet, ein Café gibt. Von dort her kommen mir einige Spaziergänger Eis essend entgegen. Da ich natürlich kein Eis sehen kann, ohne selbst eines essen zu müssen, gehe ich der Sache nach.

Im Garten des Cafés ‚Altes Pfarrhaus' sind nahezu alle Tische besetzt. Ich nehme auf einem freien Stuhl neben der Eingangstür des Gebäudes Platz. Das Pärchen am Nebentisch wird durch meinen Rucksack neugierig, woraufhin wir ins Gespräch kommen. Sie stellen Fragen über mein Vorhaben und so erzähle ich von den Erlebnissen der beiden Tage und meiner Zeit auf dem Jakobsweg in Spanien. Sie sind im Alter von etwa fünfzig Jahren, kommen aus dem Sauerland und verbringen gerne ein paar Mal im Jahr für mehrere Tage Zeit in der Eifel. Während der Unterhaltung bestelle ich bei der jungen Bedienung einen Eisbecher.

Im Gespräch mit dem Paar erzähle ich, dass ich gerne in Monreal übernachten würde und mit dem Gedanken spiele, mein Zelt auf dem nahgelegenen Bolzplatz aufzustellen. Der Mann rät mir, doch einfach mal die Angestellten zu fragen, ob sie ein gutes Zeltplätzchen wüssten. Wir unterhalten uns noch sehr nett, solange ich meinen Eisbecher genieße. Dann verabschieden sich die beiden und wünschen mir weiterhin eine gute Reise.

Zum Bezahlen gehe ich hinein, und frage bei dieser Gelegenheit die Bedienung, ob sie eine Idee habe, wo ich mein Zelt aufstellen könne, ohne dass sich jemand daran störe. Sie überlegt, geht in die Küche, um ihre Chefin zu fragen und erscheint zusammen mit einer jungen Frau in etwa meinem Alter wieder.

„Hi. Ich wollte fragen, ob du einen Platz zum Zelten weißt. Ich bin auf dem Eifel-Camino unterwegs und würde gerne hier in Monreal übernachten. Aber die Unterkünfte sind mir zu teuer. Ich hatte mit dem Gedanken gespielt, mein Zelt dort drüben auf dem Bolzplatz aufzuschlagen."

„Also, hinterm Bahnhof gibt es außerhalb des Ortes einen Sportplatz", erklärt sie mir. „Dort ist genug Platz und Ruhe zum Zelten. Allerdings baut dort gerade der Junggesellenverein ein großes Festzelt auf. Ich denke aber, niemand wird etwas dagegen haben, wenn du dort irgendwo zeltest. Vielleicht freuen die Jungs sich auch über einen weiteren Helfer. Ich kann die Truppe mal anrufen, wenn du magst; ich kenne sie."

„Ja, cool, das klingt eigentlich nach einer super Idee. Aber näher am Ortskern weißt du kein Plätzchen? Denn ich würde den Abend sehr gerne im Ort selbst verbringen. Wenn ich jedoch am Sportplatz zelte, müsste ich meine Sachen dort unbeobachtet zurücklassen oder erst spät hingehen und mit dem Aufbau beginnen."

„Kann ich verstehen. Also, eigentlich: Ich habe auch nichts dagegen, wenn du hier im Garten zeltest."

Ich bin sehr überrascht. „Wow, was? Wirklich?"

„Ja, ich weiß, wie das ist, wenn man irgendwo auf Reisen ist und wenig Mittel zur Verfügung hat."

„Oh Mann!", ich kann gar nicht beschreiben, wie froh ich bin. „Ich bin gerade echt etwas perplex! Also wäre das wirklich okay für dich?"

„Klar. Ich muss dabei gerade an einen Freund denken, der auch viel gereist ist. Ihm wurde immer wieder von Menschen geholfen, indem sie ihm eine Unterkunft boten. Ich will auch gerne meinen Teil zu so etwas beitragen. Und außerdem wird der Garten dann mal richtig genutzt. Allerdings habe ich bis achtzehn Uhr Kundschaft. Es käme ungelegen, wenn du dein

Zelt aufbaust, während die Gäste hier essen. Aber wenn du nach achtzehn Uhr wiederkommst, ist das kein Problem."

„Natürlich! Das käme wirklich ziemlich blöd rüber. Ich heiße übrigens Florian." Wir geben einander die Hand, während die junge Frau sich mir als Erika vorstellt. „Freut mich sehr, Erika. Besteht die Möglichkeit, meinen Rucksack so lange bei dir zu lassen? Ich würde nämlich gerne noch ein wenig durch den Ort spazieren. Ich habe gesehen, du hast da einen Schuppen oder so etwas neben dem Haus!?"

„Ja klar, da kannst du den Rucksack reinstellen. Ich komme eben mit und zeige dir den Schuppen."

Ich kann mein Glück noch gar nicht wirklich fassen. Erika führt mich in das Nebengebäude. Hier stelle ich den Rucksack ab, nehme nur Portemonnaie, Buch, Tagebuch und meinen Pullover heraus und lasse den Rest dort. Ich frage Erika nochmal, ob es wirklich in Ordnung sei, in ihrem Garten zu zelten. Sie bejaht lachend. Dankend verabschiede ich mich von ihr, um eine Runde durch den Ort zu schlendern.

Ich bin euphorisch und unbeschreiblich froh über dieses Glück. Wenn ich daran denke, welche Möglichkeit sich mir da gerade geboten hat, verspüre ich ein starkes Glücksgefühl in mir: Ich schlafe in Monreal! Kostenlos. Einfach der Wahnsinn. Es ist zwar erst der zweite Tag, aber der Satz auf dem Kärtchen in der Kirche scheint bisher zu stimmen: Die Menschen machen den Jakobsweg aus.

An der Kirche folge ich dem Weg nach links hinauf zu den Burgruinen. Auf dem Pfad zur Philippsburg – der kleineren der beiden Burgruinen – komme ich an zwei Mädels vorbei, die ein wenig jünger als ich zu sein scheinen. Sie beobachten hinabgebeugt etwas im Gras.

„Hey! Was gibt's denn hier zu sehen", frage ich in meiner guten Laune.

„Ameisen", sagen sie grinsend.

Ich lache: „Mach' keine Sachen!! Ameisen?"

Sie müssen ebenfalls lachen. „Ja okay", sagt die eine, „es gibt Interessanteres als Ameisen. Aber diese hier sind echt groß. Waldameisen."

„So, so", bemerke ich mit gespielter Sprachlosigkeit. „Ihr seid wohl nicht von hier, was?", frage ich sie.

„Nein, wir sind aus dem Ruhrgebiet."

„Ach, okay. Und ihr seid dann für ein langes Wochenende hier?"

„Ja, genau. Mal bisschen die Eifel erkunden. Ich hatte irgendwo Bilder von Monreal gesehen und wollte es mir unbedingt selbst anschauen."

„Und wo übernachtet ihr?"

„Wahrscheinlich da hinten", sagt die eine und zeigt in Richtung Bahnhof. „Wir sind mit meinem VW Bus da und stehen momentan dort auf einem Parkplatz."

Sie erzählt, dass sie vor einigen Monaten einen gebrauchten VW T5 gekauft hat, mit dem sie nun reisen möchte. Ob sie in ihrem Bus wohne, frage ich. Doch sie verneint, und ich erzähle von meinem vergangenen Monat im VW Bus, wie es sich darin so lebt, und warum ich mich dazu entschieden habe, einige Monate im Van zu wohnen. Als sie fragen, ob ich aus Monreal sei, erzähle ich ihnen vom Eifel-Camino, und davon, welche Schlafgelegenheit sich mir heute ergeben hat. Während ich berichte, muss ich ständig lachen, da ich mein Glück noch immer kaum glauben kann.

Plaudernd gehen wir gemeinsam hinauf zur Ruine Philippsburg. Auf den Treppen dorthin kommt uns das Pärchen

aus dem Sauerland entgegen, mit dem ich mich vorhin vor dem ‚Alten Pfarrhaus' unterhalten hatte. Sie fragen, ob ich ein Plätzchen für die Nacht gefunden habe, und ich erzähle ihnen von meinem Glück. Während ich mich kurz mit den beiden unterhalte, gehen die Mädchen vor. Als ich mich von den Sauerländern verabschiede, sage ich ihnen noch: „Anscheinend ist es wirklich so: Bittet, so wird euch gegeben; suchet, so werdet ihr finden; klopfet an, so wird euch aufgetan."

Von der Philippsburg aus genieße ich den Blick über Dorf und Elztal. Herrlich; und dazu noch dieses traumhafte Wetter. Ich spüre einen angenehmen Frieden in mir, und eine tiefe Dankbarkeit für das Leben im Allgemeinen und meine Situation im Speziellen. Die Sonne scheint mir ins Gesicht, ich genieße die Wärme auf meiner Haut und kann nicht aufhören zu grinsen. Gemeinsam besteigen die Mädchen und ich den hohen Bergfried und reden noch viel übers Reisen per VW Bus. Bald verabschieden die beiden sich und gehen zurück ins Dorf. Ich selbst bleibe noch ein wenig, bevor auch ich von Burg und Berg hinabsteige, um ein wenig durch Monreals Gassen zu schlendern. Gegen achtzehn Uhr, als die letzten Gäste gehen, bin ich zurück im Garten des ‚Alten Pfarrhauses'.

„Hey, wie war dein Spaziergang?", fragt Erika.

„Wie Urlaub."

„Setz dich noch einen Moment. Mein Team und ich räumen noch auf und machen alles zu; dann komme ich zu dir."

„Kann ich irgendwie helfen? Irgendetwas tun? Teller waschen oder sowas? Wenn ich schon in deinem Garten schlafen darf ..."

„Nein, nein, alles gut. Setz' dich und ruh' dich aus."

Als die junge Bedienung beginnt, alle Stuhlkissen einzusammeln, helfe ich ihr, denn irgendwie möchte ich mich doch gerne nützlich machen. Aber mehr als das bleibt für mich nicht zu tun. Die Bedienung geht bald. Erika kommt kurz heraus und serviert mir auf ihr Angebot hin ein alkoholfreies Weizenbier, bevor sie nochmal für eine Zeit im Haus verschwindet.

Frisch geduscht und in bequemeren Klamotten erscheint sie wieder, mit je einem Glas Wein für sich und mich, sowie ihrem Notizblock, auf dem sie die morgigen Einkäufe plant. Wir unterhalten uns lange. Als sie mir erwähnt, dass sie eigentlich aus Tübingen komme, muss ich ein wenig lachen, denn an ihrer Aussprache verschiedener Worte hatte ich schon zuvor erkannt, dass sie nicht aus der Region stammt, und tippte bereits selbst auf badische oder schwäbische Herkunft. Sie erzählt, dass sie fünfunddreißig Jahre jung ist, vor drei Jahren nach Monreal zog und das Café eröffnete. Sie arbeitete jahrelang in der Gastronomie, wollte sich irgendwann selbstständig machen und suchte daher lange nach einer passenden Lokalität; mehrere Jahre vergebens, bis sie im Internet von dem ‚Alten Pfarrhaus' erfuhr. Zuvor war sie allerdings niemals in Monreal gewesen, doch der Ort sei ein Glücksgriff, denn sie fühle sich hier überaus wohl. Die Menschen seien allesamt freundlich und es herrsche ein harmonisches Gemeinschaftsleben im Dorf. Jeder kenne quasi jeden; alle seien offenherzig. Dadurch habe sie auch recht schnell einen Partner gefunden. Zusammen mit ihm und ihrer nun fast zehnjährigen Tochter aus einer vergangenen Beziehung lebe sie in den Obergeschossen des alten Pfarrhauses. Wir sprechen übers Reisen, Pilgern und vieles mehr, während wir zusammen ein weiteres Glas Wein trinken. Ich sage ihr nochmal, wie froh und dankbar ich bin, dass ich in ihrem Garten zelten darf.

„Ach, nichts zu danken. So wird der Platz endlich mal genutzt. Du musst nur gleich mal schauen, wo du dein Zelt am besten hinstellst."

„Was ist denn in dem kleinen roten Holzhäuschen dort?“, frage ich, auf eine Hütte zeigend, wie Erdbeer- und Spargelverkäufer sie oft haben.

„Da sind aktuell nur ein paar Tische drin. Ich hatte darin an Ostern und anderen Tagen mit extremem Betrieb eine kleine Selbstbedienungstheke für Getränke.“

„Wäre da drin *rein theoretisch* genügend Platz zum Schlafen?“, frage ich albern.

„Klar, darin kannst du auch übernachten, wenn du möchtest. Dort hast du dann auch eine Steckdose und Licht.“

„Oh Mann! Das wäre toll. Dann brauche ich mein Zelt heute Abend nicht mehr auf- und morgen früh wieder abzubauen.“

„Ich kann dir dann die Gästetoiletten offenlassen. Du findest sie auf der anderen Seite des Hauses.“

Erika zeigt mir die Hütte von innen. Es ist genügend Platz darin, um mit meiner Isomatte auf den Boden zu liegen. Perfekt für mich, und wegen der hölzernen Wände zudem besser isoliert als ein Zelt.

Als wir wieder am Tisch sitzen und die Unterhaltung fortführen, erscheint ein spindeldürrer, großgewachsener und verlebt aussehender Mann. Er fragt in sehr gebrochenem Deutsch, ob er ein Bier kaufen könne. Erika erklärt ihm, dass ihr Café bereits geschlossen habe, aber sie ihm ein Bier zum Mitnehmen anbieten könne. So recht scheint er nicht verstanden zu haben, denn nachdem Erika ihm eine Flasche verkauft hat, bleibt er – am Bier nippend – bei uns stehen und versucht eine Unterhaltung zu beginnen. Der Mann stellt sich als Janusz vor, ist Pole und arbeitet für eine Firma irgendwo in der Gegend. Er wirkt wie jemand, der täglich zwölf oder vierzehn Stunden arbeitet, an sechs Tage in der Woche, und dennoch zu wenig verdient; wie jemand, der sich allabendlich aus Frust, Depression und

Erschöpfung mehrere Bier reinzieht, um wenigstens eine kleine Freude zu haben. Er tut mir leid, aber was soll man da tun?

Sichtlich verkrampft sucht er in seinem mäßigen deutschen Wortschatz nach den korrekten Wörtern; versucht zu erzählen, dass er hinauf zu den Burgen wolle, aber sein Bein schmerze. Ich versuche, ihn dafür zu ermutigen, den lohnenden Aufstieg dennoch zu wagen, und erkläre ihm wiederholt, dass er das Bier mitnehmen könne, da das Café geschlossen sei. Doch er bleibt.

Ich empfinde die Situation ein wenig unangenehm. Auch Erika fühlt sich unbehaglich. Ihre Tochter kommt heraus, um etwas zu fragen. Janusz meint, die Augen hätte das Mädchen auf jeden Fall von mir – ich lasse ihn in dem Glauben, denn ich möchte die Konversation ungerne noch weiter vertiefen. Wir erklären dem Mann bald, dass wir hineingingen um zu essen, verabschieden uns von ihm und versuchen ihm erneut begreiflich zu machen, dass er das Bier mitnehmen dürfe.

Erika und ich setzen uns in ihr Restaurant, während die Tochter wieder hinaufgeht. Wir gönnen uns das nächste Glas Wein. Für die nächste halbe Stunde steht der Pole noch immer draußen, telefoniert und nippt am Bier. Irgendwann klopft er an die Tür. Erika öffnet. Er gibt die leere Flasche zurück und fragt nach der Toilette. Sie erklärt ihm den Weg zur Kundentoilette, und wir sind ihn los.

Kurze Zeit später klopft es erneut. Wir schrecken auf: Janusz? Aber nein, eine Frau in etwa unserem Alter schaut durch die Glasscheibe der Tür herein. Sie ist eine Freundin von Erika. Wir stellen uns einander vor, woraufhin ich ihr vom Grund meiner Anwesenheit erzähle. Sie gesellt sich zu uns an den Tisch und wir führen sehr angenehme Gespräche über alles Mögliche, hauptsächlich aber über Zukunftspläne, persönliche Weiterentwicklung und dergleichen. Ich berichte von den vergangenen zwei Tagen.

Bald kommt Erikas Partner Dominic hinzu. Auch er heißt mich herzlich willkommen. Dominic hat gemeinsam mit dem Junggesellenverein und anderen Helfern aus dem Ort bis vorhin ein großes Festzelt neben dem Sportplatz aufgebaut. Am Samstag soll dort nämlich eine ‚Wiesn-Opening-Party' stattfinden, ganz im Sinne des Oktoberfestes; in Lederhosen und Dirndl. Zu gerne würde ich bis zur Party bleiben – doch habe ich andere Pläne. Alle gemeinsam unterhalten wir uns angeregt und lachen viel. Irgendwann steht Dominic auf. „Ich schmeiße mal den Grill an", erklärt er.

„Okay", sage ich, „ich verschwinde dann gleich in die Hütte und werde mir Spagetti machen."

Erika entgegnet: „Nein, nein, wie gesagt: Wir grillen gleich."

Ich muss überaus verwirrt dreinschauen, bis sie hinzufügt: „Du isst natürlich mit uns."

Leute, was habe ich bitte für ein Glück!? Sowas erlebt man nicht oft! Ich bin überwältigt, möchte gerne in irgendeiner Weise behilflich sein, mich erkenntlich zeigen, doch es gibt nichts für mich zu tun. Dominic kümmert sich um Grill und Fleisch, Erika geht in die Küche, um weiteres Essen zuzubereiten. Ich ziehe mir in der Zwischenzeit frische Socken und die Sandalen, sowie ein sauberes T-Shirt an. Währenddessen komme ich aus dem Strahlen nicht mehr heraus, so glücklich bin ich.

Als ich an den Tisch zurückkehre, wird gerade aufgetischt. Die Auswahl ist groß: Es gibt Steaks, Bratwürste, Spätzle, Kartoffelrösti, Paprika aus dem Backofen, Baguette mit Kräuterbutter und verschiedene Saucen. Ich komme mir vor wie im Schlaraffenland. Wir essen ausgiebig, trinken Wein und unterhalten uns noch lange. Nach dem Abendessen bin ich jedoch sehr müde und platt. Um Entschuldigung bittend erkläre ich, dass ich schlafen muss; ich habe absolut keine Energie mehr.

Meine Gastgeber haben Verständnis. Wir räumen gemeinsam den Tisch ab, wünschen einander eine gute Nacht und ich verschwinde in die Hütte.

Ich bin froh als ich im Schlafsack liege; froh, nun schlafen zu können, und dankbar für alle glücklichen Begebenheiten des heutigen Tages. So etwas habe ich schließlich zuvor noch nie erlebt.

Kirchstraße

Dritter Tag

03. Mai 2019

Von Monreal
zur Wallfahrtskirche Maria Martental

17 Kilometer

Erkenntnis des Tages:

Gott ist in der Natur zu finden,
nicht in Kirchen und Dogmen

Hinauf in die Eifel

„Ein neuer Weg ist immer ein Wagnis.
Aber wenn wir den Mut haben loszugehen,
dann sind jedes Stolpern und jeder Fehltritt
ein Sieg über unsere Ängste,
über unsere Zweifel und Bedenken."

– Demokrit –

Diese Nacht ist glücklicherweise nicht so kalt wie die Vorangegangene, wenn auch nicht weniger unruhig. Zwar habe ich vor dem Zubettgehen die Tür innen verschlossen, doch da Erikas Freundin uns beim Abendessen ein paar Spukgeschichten aus Monreal erzählt hatte, werde ich bei jedem Geräusch unruhig. Ein paar Mal schrecke ich des Nachts auf, weil der Kompressor des Kühlschrankes, neben dem ich schlafe, anspringt.

Ich beschließe, später unterwegs zu frühstücken und packe sofort nach dem Erwachen alles zusammen. Danach putze ich mir auf der Gästetoilette – welche Erika freundlicherweise die ganze Nacht über offengelassen hat – die Zähne. Als ich zurück zur Hütte gehe, stehen Erika und Dominic im Garten. Dominic verabschiedet sich von mir, da er zur Arbeit muss. Ich danke ihm sehr für alles, woraufhin er erwidert, ich solle

mich bald wieder blicken lassen. Dann nehme ich den Rucksack aus der Hütte und verabschiede mich herzlich von Erika. Ich kann ihr gar nicht genug danken für ihre Herzlichkeit, diese herrliche Unterkunft, für die Gelegenheit, in Monreal übernachtet haben zu können, und die fürstliche Bewirtung am Abend. Ich bin ihr ehrlich dankbar. Zwar bietet sie mir an, noch bei ihr frühstücken zu können, doch ich lehne ab – ich möchte ihre Hilfe und Zeit nicht noch mehr in Anspruch nehmen, da ich weiß, dass sie morgens ihre Einkäufe für den Tag zu erledigen hat.

„Komm bald wieder und erzähle uns, wie deine Wanderung noch war!“, sagt sie, als wir uns voneinander verabschieden.

„Ich komme auf jeden Fall zu Besuch; schließlich muss ich eure Flammkuchen probieren.“

Dann marschiere ich los. Von der Elz-Brücke direkt hinter Erikas Garten blicke ich nochmal lange zurück auf Monreal, diesen magischen und freundlichen Ort. Dann folge ich dem Weg am Elzbach entlang, vorbei an Bahnhof und Sportplatz, neben dem das große Festzelt aufgebaut steht. Das Wetter ist leider nicht so schön wie an den vergangenen beiden Tagen. Der Himmel ist tiefgrau und lässt Regen erahnen. Hinter dem Sportplatz folge ich dem Bach Thürelz, vorbei an der alten Mühle. Das Gebäude wirkt, als sei es schon viele Jahre unbewohnt. Es sieht sehr trostlos aus und die vielen alten Puppen, die hinter einer kleinen Fensterfront sitzen, wirken unheimlich; fast wie in der Verfilmung eines Stephen-King-Thrillers.

An einer Baustelle gleich hinter der Mühle halte ich einen kurzen Schwatz mit einem Bauarbeiter. Ich bin durch die Vorkommnisse der letzten Tage so gut gelaunt und in einer solchen Kommunikationsfreude, dass ich am liebsten mit jedem Menschen sprechen möchte, der mir begegnet. An der Baustelle, an der der Mann zugange ist, fehlt aufgrund der Arbeiten das Schild mit der Jakobsmuschel, weswegen ich versehentlich etwa zweihundert Meter in die falsche Richtung laufe. Jedoch überkommt mich sofort ein merkwürdiges Gefühl, nicht auf dem richtigen Wege zu sein, woraufhin ich meinen Standort per Smartphone überprüfe und den Fehler korrigiere. Ähnliches wird mir unterwegs noch ein Paar weitere Male passieren: Ich biege irgendwo falsch ab, spüre aber kurz darauf intuitiv einen Fehler gemacht zu haben; jedes Mal bereits nach wenigen hundert Metern.

Der Eifel-Camino folgt weiter der Thürelz. Diesmal geht es stetig bergauf durch ein wunderschönes Tal, welches zu beiden Seiten dicht bewaldet ist. In seiner Sohle besteht es aus einer einzigen langen Grasfläche. Mittig davon schlängelt sich der Bach, an dessen Ufer schlanke Bäume wie an einer langen Kette aufgereiht stehen. Unterhalb des Weges verläuft die Eisenbahntrasse nach Kaisersesch.

Mein Frühstückshunger macht sich bald bemerkbar, und so steuere ich einen Picknicktisch mit Bänken an. Sowie ich aber den Rucksack abstelle, setzt leichter Nieselregen ein. Eine Weile warte ich ab, doch der Regen wird stärker. So nutze ich die Pause lediglich dazu, meine Regenjacke anzuziehen und den Rucksack mit der Regenhülle zu schützen.

Ich stapfe weiter bergauf, vorüber am Heunenhof mit seiner alten Kapelle. Als ich jene Stelle erreiche, an welcher Kumpelbach und Stellbach sich vereinen und gemeinsam die Thürelz bilden, hat der Regen bereits aufgehört und die Sonne kommt sogar ein wenig durch. Wenige Meter weiter erreiche ich erneut eine Picknickbank samt Tisch. Diesmal nutze ich die Gelegenheit zu einem Frühstück aus Müsli mit Joghurt und einem frisch aufgebrühten Tee.

Urmersbach

„Die große Herausforderung besteht darin,
überhaupt aufzubrechen,
vermeintliche Sicherheiten hinter sich zu lassen
und stattdessen der Ungewissheit
des Weges zu begegnen.
Der Weg entsteht dann wie von selbst."

– Gregor Sieböck –

Ein kalter Wind bläst mir entgegen, als ich dem Camino weiter bergauf nach Urmersbach folge. Der Ort wirkt auf mich wenig einladend, was allerdings auch an der Kälte liegen könnte. Neben einem alten Gebäude bleibe ich stehen, um es zu betrachten. Aus einer Garage gegenüber diesem Gebäude tritt ein älterer Herr auf den Gehweg, auf einen Stock gestützt.

„Guten Morgen. War das mal ein Schulhaus?“, frage ich ihn freundlich.

„Tach Jung. Wääß ech nitt“, antwortet er in breitem Platt. „Ech sein nitt von da; ech sein neu hier.“

„So!? Wo sind Sie denn her?“

„Aus Kruft. Kennense datt?“

„Ja sichi. Ech sein ne annenache Jung.“

„Ooch! Sach nur!? Kummense jetz von da?“

„Ich bin vor zwei Tagen in Andernach gestartet“, antworte ich und erzähle von meiner Wanderung. „Aber, was verschlägt einen Krufter denn hier rauf nach Urmersbach?“

„Ech moosst aus meiner Wohnung e‘raus un braucht eppes Bezahlbares im Parterre, weil ech nitt su joot ze Fooß sein. In Kruft un Umgebung war nix ze finne.“

So unterhalten wir uns noch eine Weile, doch die Kälte treibt mich schon bald weiter.

Hinter Urmersbach komme ich an einer schönen Wassermühle vorüber, die laut einer Info-Tafel von einem Künstlerpärchen restauriert wurde. Eine äußerst hübsche Kulisse. Nach dem Grundstück der Mühle führt der Weg erst entlang dem Stellbach, dann parallel zum Steinbach durch ihre hübschen Täler. Der Wind ist kalt und ungemütlich, doch die Sonne glücklicherweise angenehm warm, sobald sie hinter den Wolken hervorlugt. Bald erreiche ich eine Weggabelung des Eifel-Camino. Folgt man hier dem Weg links, erreicht man auf direktem Wege Kaisersesch; rechts entlang umgeht man den Ort. Ich entscheide mich für die Umgehung, da für mich kein Anlass besteht, Kaisersesch zu durchqueren.

Mein Weg verläuft nun einige hundert Meter durch einen lichten Wald, vorbei an einem alten Schiefersteinbruch und dem westlichen Ortsrand; dann über eine alte, nicht mehr befahrene Eisenbahntrasse, die wohl vormals von Kaisersesch nach Ulmen geführt haben muss. Bald erreiche ich die Martinshütte, deren überdachte Veranda sich hervorragend als Schlafgelegenheit eignen würde, wäre es nicht noch so früh am Tage. Doch ich nutze die Gelegenheit zu einer Pause. Nachdem ich mir ein Mittagessen aus Bananen und Müsli genehmigt habe, strecke ich mich auf einer hölzernen Bank in der Sonne aus, lege mein verschwitztes Hemd zum Trocknen daneben, schlüpfe aus den Stiefeln und döse eine Zeit lang.

So ausgeruht spüre ich nach dem Erwachen wieder genügend Energie und Antrieb, um den Weg fortzusetzen. Zunächst führt der Weg durch einen hübschen Wald. Alles um mich herum strahlt in frischem und hellem Grün. Als ich den Wald verlasse, weht ein kalter und ungemütlicher Wind. Ein kurzes Stück laufe ich nun über Feldwege, unterquere die A48, überquere die L52 und gehe hinab nach Laienkaul-Breitenbruch. Nachdem ich an ein paar Häusern vorbei gelaufen bin, verlasse ich die Hauptstraße des Dorfes schon wieder über einen Wiesenweg, vorbei an einer Anzahl Gärten.

Plötzlich steht ein Hund vor mir und beobachtet mich. Es ist eine Art Jagdhund; glücklicherweise wirkt er friedlich. Sowie ich unbeirrt weitergehe schleicht er sich ins hohe Gras der wilden Wiese, als hätte er Scheu vor mir. Aus einem Gartentor kommt eine junge Frau in etwa meinem Alter.

„Du bist wohl das Frauchen!?“, scherze ich.

„Ja, bin ich. Normalerweise läuft hier niemand her; nur deshalb lasse ich ihn ohne Leine laufen. Tut mir leid, wenn er dich erschreckt hat.“

„Kein Problem. Er scheint doch eine gute Seele zu sein.“

„Auf jeden Fall! Das ist er. Der hat eher Angst vor Fremden; schaut sie sich erst mal von weitem an, bevor er sich herantraut“, erzählt sie, und ruft den Hund: „Na, komm her Otto!“

„Otto!?“, ich lache, „zu witzig! Normalerweise nenne ich jeden Hund einfach Otto.

Sag mal, kommen hier öfter Pilger vorbei?“

„Wanderer kommen schon öfter durch, aber ob es Pilger sind, weiß ich nicht. Du bist also einer?“

In kurzen Worten erzähle ich ihr von meiner Wanderung auf dem Eifel-Camino, und welche Begegnungen und ‚Zufälle' ich auf meiner Wanderung bereits erlebt habe: „Nie hätte ich mit so viel Gastfreundschaft in Deutschland gerechnet. Ich hoffe, es geht genauso weiter. Denn bei der Kälte, die in der Wettervorhersage für die kommenden Tage gemeldet ist, habe ich wenig Lust zu zelten. Deshalb hoffe ich auch, dass ich irgendwie die Gelegenheit bekomme, im Kloster zu übernachten.“

„Großartige Idee; frag' einfach mal nach.“

Wir plaudern noch ein Weilchen, dann verabschiede ich mich und setze meine Wanderung fort. Kaum zu glauben, wie freundlich und offen alle Menschen sind, denen ich begegne. Ob ich sonst immer nur den Miesepetern begegne, oder ob es daran liegt, dass ich selbst momentan so zufrieden und offen bin, und dies womöglich ausstrahle? Wahrscheinlich letzteres! Der spirituelle Lehrer Eckhart Tolle kommt mir in den Sinn, wie er in einem seiner Vorträge sagt: „Das kann doch nichts mit meinem Bewusstseinszustand zu tun haben ... oder doch? ... oder *doch*!“

So wird es sein. Jedenfalls bin ich total happy.

Der Weg führt nun wieder durch einen hellen Wald von jungem Grün. An einer kleinen Kapelle mit hübsch gearbeiteter, alter Jesusfigur biege ich links ab. Der Pfad ist schmal und verläuft entlang eines steilen Hanges bergab. Bald erreiche ich den Fuß des Hanges, der nun Teil eines schmalen Tals ist, in dessen Mitte ein Bach lustig plätschert. Da es hier sehr idyllisch ist, setze ich mich eine Weile nieder, um den Geräuschen des Wassers, der Vögel, und des sachten Windes in den Bäumen zu lauschen.

Im Bach wasche ich meine Hände, um die Kontaktlinsen einzusetzen, und mache danach ein Tagebuch-Video; denn heute ist mir etwas bewusst geworden, das ich unbedingt festhalten möchte: Ich habe nun in zwei von drei Nächten mein Zelt nicht gebraucht. Vorhin kam mir die Idee, dass ich Erika hätte bitten können, das Zelt und andere Gegenstände, die ich nicht gebraucht habe oder in den nächsten Tagen brauchen werde, bei ihr lassen und in den nächsten Wochen abholen zu dürfen. Denn es wäre mir lieber und angenehmer, wie auf dem Jakobsweg in Spanien nur mit leichtem Gepäck unterwegs zu sein. Auf richtiges Trekking habe ich keine große Lust mehr, denn erstens ist es – obwohl es durchaus möglich ist – in Deutschland nicht so einfach, da die meisten Flächen Ackerland oder Privatgrundstücke sind, und zweitens bereitet mir der Kontakt mit den Menschen so viel Freude, dass ich gar nicht mehr unbedingt abseits von ihnen meine Abende verbringen möchte. Wenn ich also nach alternativen Schlafmöglichkeiten Ausschau halte – seien es Grill- oder Schutzhütten, Scheunen oder Unterkünfte bei freundlichen Menschen, welche mich aufnehmen – ist das Zelt unnötig. Wenn ich in der kommenden Nacht ebenfalls eine Schlafgelegenheit finde, ohne mein Zelt zu brauchen, werde ich jemanden fragen, ob er es für ein paar Tage verwahren kann, bis ich es in den kommenden Wochen abholen werde. Nehme ich es dennoch weiterhin mit, dann quasi nur, um auf Nummer Sicher zu gehen; für den Fall der Fälle, dass ich kein anderes Quartier finde. Diese ‚Sicherheit' wiegt in meinem Fall dreieinhalb Kilogramm. Zusammen mit anderen Dingen, welche ich nicht unbedingt brauche – wie dem Kocher und allen Kochutensilien –, komme ich sicher auf zehn Kilogramm. Ob man dieses Gewicht mit sich herumträgt oder nicht, macht einen großen Unterschied. Ich belaste mich also gerade selbst sehr mit meiner ‚Sicherheit'. Würde ich nun also das Zelt und andere Dinge bei jemandem zur Verwahrung lassen, wäre dies ein Akt des ‚Verzichts auf Sicherheit', und damit gleichzeitig ein Akt des Vertrauens. Denn gebe ich diese Sicherheit auf, *muss* ich vertrauen; darauf, einen anderen Unterschlupf zu finden oder Menschen zu begegnen, die mir helfen. Dieser Schritt hin zum Vertrauen würde mir jedoch eine enorme Last ersparen, meinen Weg bequemer und damit schöner machen. Denn ich könnte viel besser die Schönheit der Landschaft genießen und mich auf meine gedanklichen und seelischen Vorgänge konzentrieren. Wenn ich mir bildlich vorstelle, wie ich diese überflüssigen Gegenstände irgendwo niederlege, habe ich ein sehr gutes und erleichterndes Gefühl, gleichzeitig kommen mir Tränen des Glücks und des Gefühls einer Verbundenheit mit einer höheren Macht, der ich vertraue. Bevor ich mich auf den Eifel-Camino begab, hatte ich zu einer Freundin gesagt, dass ich nicht wisse, ob ich den Weg überhaupt mit so viel Gepäck gehen solle. Sie sagte: Mach es; denn all das Gepäck steht irgendwie auch sinnbildlich für alle Themen und Sorgen, mit denen du dich derzeit selbst belastest – für alle Lasten, die du aktuell mit dir herumträgst. Ihr Rat kommt mir nun wieder in den Sinn; und sie hat recht damit. Denn auch das Ablegen dieser Lasten und der dadurch nötig werdende Akt des Vertrauens lässt sich genauso auf unser alltägliches Leben münzen. All das Sicherheitsdenken ist jedem ständig eine große Last. Angefangen bei der hohen Zahl an Versicherungen, die wir abschließen, um uns abzusichern, in Sicherheit zu wiegen; die uns jedoch eine Menge Geld kosten, für das wir wiederum

Energie und Lebenszeit investieren müssen. Würden wir bei manchen Angelegenheiten auf diese Absicherung verzichten und einfach darauf vertrauen, dass nichts Negatives geschieht oder wir zumindest eine Lösung dafür finden, wenn es doch passiert, müssten wir weniger arbeiten und uns bliebe damit mehr Zeit und Geld für die schöneren Dinge des Lebens. Wir könnten das Leben mehr genießen, würden es weniger als Last empfinden und wären nicht ständig damit beschäftigt, unsere ‚Scherflein ins Trockene zu bringen'.

Ebenso ist es generell mit allen Sorgen, die wir uns machen. Denn sei bitte mal ehrlich: Dir Sorgen zu machen, bringt Dir nichts ... als Sorgen; deshalb heißt es ja auch so ...

Es bringt Dir nur Belastung und Stress und hilft nie, die Gefahr zu vermeiden. Wenn es passiert, passiert es – egal ob Du Dir vorher nur einmal Sorgen darüber gemacht hast oder fünfzig Jahre lang. Du gehst leichter durchs Leben, wenn Du vertraust, anstatt Dich selbst (das sagt schon der Satz: *Ich* mache *mir* Sorgen) mit Sorgen und Absicherungen zu belasten.

Eben dies ist eine solche Einsicht, für die ich das Pilgern liebe. In Spanien hatte ich immer wieder solche Aha-Momente. Plötzlich wird Dir etwas einfach bewusst und klar, Du änderst daraufhin eine Gewohnheit in Deinem Leben und alles wird angenehmer und leichter. Das ist der Grund, warum ich pilgere: Für ebendieses spirituelle Wachstum. Und deshalb möchte ich Dir an dieser Stelle nahelegen, es ebenfalls zu probieren. Nimm Dir Zeit für eine Pilgerreise, versuche den Denker abzuschalten und nichts zu erwarten. Dann kommt alles ganz von allein.

Ich bin sehr dankbar für diese Einsicht. Nachdem ich das Video beendet habe, begebe ich mich auf den weiteren Weg zur nicht mehr weit entfernten Wallfahrtskirche Maria Martental, bei der ich hoffe übernachten zu können.

Maria Martental

„Der Weg liegt nicht im Himmel.
Der Weg liegt im Herzen."

– Buddha –

Gerade als ich auf dem Platz vor der Kirche ankomme, öffnet eine Dame den Souvenir-Laden unterhalb der Gaststätte ‚Pilgerheim'. Ich trete ein und frage sie, ob sie mir einen Stempel in meinen Pilgerpass setzen könne.

„Aber sicher!", entgegnet die Dame fröhlich. „Kriegen sie sofort, junger Mann. Sie sind also Jakobspilger?"

„Erraten!", antworte ich lachend. „Sagen Sie: Ich bin mit dem Zelt unterwegs – ist es möglich, das hier irgendwo für eine Nacht aufzuschlagen? Vielleicht dort hinter der Kirche? Da ist eine Wiese, die sich zu eignen scheint."

„Ja, selbstverständlich. Suchen Sie sich nur ein Fleckchen aus. Ich lasse Ihnen dann über Nacht die Toiletten offen."

„Was? Wirklich? Das ist ja ein Luxus wie im Grand Hotel! Vielen Dank!“

Sie lacht: „Nicht dafür. Mehr kann ich Ihnen leider nicht anbieten.“

„Also, um ehrlich zu sein, hatte ich ja so ein klein wenig die Hoffnung, in einer Mönchszelle des Klosters schlafen zu können“, gestehe ich lachend.

„Oh, da muss ich Sie leider enttäuschen. Hier gibt es kein richtiges Kloster, wie beispielsweise in Maria Laach. Die Straße hinauf, weiter oben am Berg, befinden sich nur die Häuser und Wohnungen der Geistlichen – doch ein Kloster in dem Mönche leben, gibt es dort nicht.“

„Ach, so. Schade. Na ja, aber wenn ich dort hinter der Kirche schlafen darf, bin ich schon sehr zufrieden. Man sagte mir, im Restaurant gebe es unter der Woche keine Bewirtung; stimmt das?“

„Doch, sie können schon etwas essen dort, aber die Auswahl ist nicht so groß wie am Wochenende.“

„Oh, super. Dann schaue ich gleich mal nach.“

Nach diesem netten Gespräch steige ich die Treppen hinauf und komme mir etwas fehl am Platz vor, als ich den großen und gehoben wirkenden Speisesaal in meinen schmutzigen schweren Stiefeln und der verschwitzten Kleidung betrete. Alles ist hübsch hergerichtet, doch kein Gast anwesend. Einzig eine junge Frau arbeitet hinter der Theke. Sie wirkt sympathisch und ist in etwa meinem Alter.

„Tach! Entspreche ich dem heutigen Dress-Code?“, frage ich sie breit grinsend.

„Aber sowas von!“

„Wo sind denn alle Gäste?“

„Um diese Zeit ist hier für gewöhnlich nicht viel los.“

„Oh, die Torten sehen gut aus!“, bemerke ich, als ich in die Anrichte schaue. „Heute bietet ihr nur Kaffee und Kuchen an, oder?“

„Nein, ich habe auch eine Auswahl an Suppen da.“

„Oh wow, das liegt mir schon eher.“

Sie reicht mir die Speisekarte, auf der fünf verschiedene Suppen und Eintöpfe aufgeführt sind. „Und welche davon kann ich bestellen?“

„Alle. Wir bekommen sie morgens vom Metzger geliefert und ich wärme sie dir auf. Ich kann außerdem noch Pommes anbieten.“

„Was? Ernsthaft? Dann scheinst du auch Gedanken lesen zu können!?“

„Gehört zu meinem Job“, entgegnet sie blinzelnd. Ich wähle die Käse-Lauch-Suppe.

„Würdest du mir dazu bitte noch eine große Portion Fritten mit Mayo servieren?“

„Klar doch.“

„Ich würde gerne draußen in der Sonne essen.“

„Wo immer du willst.“ Wir unterhalten uns noch ein wenig über meine Wanderung und ihren Job, bevor ich mich hinaus an einen Tisch setze.

Die Sonne scheint mir herrlich warm ins Gesicht, wenn auch der gelegentlich wehende Wind recht kalt ist. Die junge Frau bringt meine Bestellung und ein kühles Radler hinaus. Das Essen ist ein Gedicht. Ich genieße jeden Löffel der Käse-Lauch-Suppe und jede einzelne Fritte. Wenn man den ganzen Tag in der Natur unterwegs war, schmeckt alles um ein Vielfaches besser. Allerdings war mein Appetit größer als mein Magen und die Hälfte der Pommes schaffe ich nicht.

„Würdest Du mir den Rest einpacken?“, frage ich die Bedienung, als sie abserviert.

„Kalte Pommes!?", fragt sie naserümpfend.

„Hauptsache Energiezufuhr", erwidere ich mit einem Augenzwinkern.

Als sie die Schachtel mit den Pommes bringt, bezahle ich und verabschiede mich. Dann nehme ich auf der Sitztreppe Platz, die sich am Vorplatz der Kirche befindet. Einige Menschen in Sonntagskleidung trudeln ein und begeben sich in die Kirche. Ein älterer Herr kommt auf mich zu: „Junger Mann, Sie sind wohl Pilger!?"

„Schuldig im Sinne der Anklage", erwidere ich.

Er lacht: „Wo sind Sie denn gestartet? Und wohin geht die Reise?"

Ich berichte bereitwillig, woraufhin er fragt: „Haben Sie denn schon ein Quartier für die Nacht?"

„Die freundliche Dame vom Souvenirladen hat mir erlaubt, hinter der Kirche zu zelten."

„So. Ich fahre Sie aber auch später gerne hinauf auf den Berg. Dort sind Wiesen und es ist nicht so schattig wie hier unten im Tal."

„Vielen Dank. Das ist sehr freundlich von Ihnen. Ich werde es mir überlegen. Sie gehen nun zur Messe?"

„Ja, genau. Ich war hier früher Messdiener. Ach, ich wollte immer den Jakobsweg pilgern, konnte es aber aus gesundheitlichen Gründen nicht. Falls ich Sie später mit hinaufnehmen soll, können Sie nach der Messe hier vor der Tür auf mich warten."

„Vielen Dank für Ihr Angebot. Das ist wirklich sehr freundlich von Ihnen."

Der hilfsbereite Mann betritt auf unser Gespräch hin die Kirche. Kurz danach folge ich, lasse aber Rucksack, Mobiltelefon und die duftenden Pommes draußen neben dem Portal zurück. Wenn ich schon zeitig zur Messe hier bin, dann möchte ich sie mir auch anschauen; denn vielleicht hat auch das einen höheren Sinn.

Etwa die Hälfte der Kirchenbänke ist besetzt. Es sind überwiegend Besucher fortgeschrittenen Alters anwesend, überraschenderweise aber auch ein paar Kirchgänger, die nur wenig älter sind als ich.

Um Dir die Messe zu beschreiben, habe ich nachfolgend recht genau festgehalten, was ich abends in einem Tagebuch-Video über sie gesagt habe:

„Ich habe mir eben die katholische Messe angeschaut. Also: Ich war ja noch nicht in vielen Messen, aber ich habe nun mal wieder festgestellt, dass mir so eine Messe – oder zumindest diese – nichts gibt. Ich meine: Woraus hat sie bestanden?! Es wurden gemeinsam einige Lieder gesungen, der Pastor hat ein paar Gebete gesprochen ... Ich fand, es war alles sehr abgelesen und einstudiert; da war nichts Persönliches dabei ... nichts, was mich irgendwie tief berührt oder betroffen hätte. Es gab keinen Anreiz, über irgendetwas nachzudenken. Der Pastor hat keinen Gedanken in den Raum geworfen, über den man sinnieren könnte. Keine Einsicht, die man hätte erlangen können; kein Aha-Moment. Er hat auch die ganze Zeit von ‚Freude' gesprochen, und von der ‚Fülle' ... Doch da war keine Freude; das war alles so leidend und unterwürfig.

Aber Freude sieht nun mal anders aus. Man sollte doch eigentlich meinen, dass man in einer Kirche die Präsenz von Gott spüre, aber solche Momente hatte ich eigentlich eher unterwegs, draußen, im Wald oder auf den Feldern und in den Situationen mit Menschen, in denen ich dachte: ‚Das ist doch kein Zufall! Das muss Fügung sein!

Dort hatte ich viel mehr solcher Momente, die mir nahegingen oder in denen ich dachte: 'Wow, das hier ist etwas Besonderes!'. Nicht aber in dieser Messe."

Während die anderen Kirchgänger vorn beim Pastor die Hostie erhalten, frage ich mich: Wofür war das Ganze? Er hat nicht einen Satz gesagt, den ich aus der Messe mitnehmen und für mein Leben anwenden kann. Kein brauchbarer Input.

Die Messe findet nach einem weiteren Lied ihr Ende. Ich habe weder ein einziges Wort mitgesungen, noch in das ‚Gotteslob' geschaut, geschweige denn mich bekreuzigt. Ich war lediglich ein stiller Beobachter.

Die Gemeinde bewegt sich langsam durch die Kirchentür nach draußen; ich als einer der letzten hinterher, nehme meinen Rucksack aus der Ecke und gehe hinter die Kirche. Die Wiese dort scheint zum Zelten sehr geeignet zu sein. Ich stelle den Rucksack ab und schaue mich noch ein wenig um. Vom Vorplatz der Kirche her sehe ich den ehemaligen Messdiener zu mir herüberblicken. Ich gehe zu ihm, danke ihm nochmals für sein Angebot und erkläre ihm, dass ich hinter der Kirche übernachten werde. Wir unterhalten uns noch ein wenig über das Pilgern und meinen weiteren Weg. Dann verabschiedet er sich und begibt sich zu seiner Frau und dem Pastor, die mit einigen anderen Gemeindemitgliedern in einem Grüppchen zusammenstehen und reden.

Ich begebe mich daraufhin nochmals in den Souvenirladen. Die Verkäuferin ist dort mit einem Geistlichen an der gläsernen Eingangstür beschäftigt, welche beschädigt zu sein scheint.

„Darf ich Sie kurz stören", bitte ich die Frau.

Der Mann schaut ein wenig gestresst zu mir herüber, während die Dame freundlich antwortet: „Aber sicher doch."

„Also, wenn das in Ordnung ist, würde ich hinter der Kirche zelten. Das Plätzchen scheint geeignet und ruhig."

Der Geistliche schaut die Dame etwas verwirrt an.

„Herr Pater", wendet sie sich an ihn. „Dieser junge Mann ist Pilger auf dem Jakobsweg und würde gerne hier zelten. Ich habe seiner Bitte zugestimmt und lasse ihm auch die Tür zu den Toiletten geöffnet."

Auch der Pater erlaubt es mir bereitwillig. Er ist ein freundlicher Mensch, nur durch den Zwischenfall mit der beschädigten Tür anscheinend etwas angespannt. Er bittet mich aber noch, mich vor Wildschweinen in Acht zu nehmen, die hier oft gesehen werden. Ich danke den beiden und verabschiede mich.

Auf der moosigen Wiese hinter der Kirche beginne ich mit dem Aufbau des Zeltes, doch die Heringe in den Boden zu treiben, gestaltet sich als schwierig. Es fühlt sich an, als sei unter der Moos- und Grasschicht verdichteter Splitt. Ich schaffe es am Ende doch und richte das Zelt ein wenig ein. Dann schaue ich nach einem geeigneten Ast, an dem ich meinen Duschsack aufhängen könnte; wobei mir der Gedanke, mich hier und in der Abendkühle draußen zu duschen, nicht sonderlich gefällt. Mit Duschsack, Kulturbeutel, Handtuch und frischer Kleidung gehe ich zu den Toiletten. Die Tür ist unverschlossen, wie versprochen. Von innen kann ich sie mit dem Türkeil verschließen und beschließe kurzerhand, mich einfach am Waschbecken zu waschen. Sonderlich warm ist es im Waschraum nicht; und auch warmes Wasser gibt es leider keines. Doch die Hauptsache ist, dass ich eine Katzenwäsche machen kann und nicht mit vom Schwitzen klebriger Haut zu Bett gehen muss.

Es ist schon ein seltsames Gefühl, nackt in der öffentlichen Toilette einer *Kirche* zu stehen ... Nach der Wäsche fühle ich mich wohler, bringe meine Utensilien zum Zelt zurück und gehe mit einer Trinkflasche nochmals zu den Waschbecken, um sie aufzufüllen. Da der Abend sehr abkühlt, ziehe ich über T-Shirt und Hemd noch den Kapuzenpullover und setze mich mit Buch, Wasserflasche und den kalten Fritten auf die Sitztreppe mit Blick zur Kirche.

Schwester Frömmlichkeit

„Nur wer sein Ziel kennt,
findet den Weg."

– Laotse –

Auf dem Platz vor der Kirche steht ein Auto, rückwärts ganz bis an die offenstehende Tür der Sakristei herangefahren. Durch die Tür schiebt sich ein Karton, dann die Frau, die ihn trägt. Sie ist um die vierzig schätze ich, großgewachsen und schlank, gekleidet wie eben eine Angestellte der Kirche. Ich winke ihr zu. Sie erwidert den Gruß und fragt mit lauter Stimme, damit ich sie über den großen Platz hinweg verstehe: „Sind Sie der Pilger?"

„Wie er leibt und lebt."

„Und Sie zelten hier, wie ich hörte!?"

„Genau, gleich dort hinter der Kirche."

„Es tut mir schrecklich leid, dass wir hier keine Herberge haben. Im ‚Pilgerheim' gibt es zwar ein kleines Pilgerzimmer, aber das befindet sich auf derselben Etage wie die Büroräume des Restaurants, und dieser Teil lässt sich nicht separat abschließen. Deshalb darf ich Sie leider nicht einfach ins Pilgerzimmer lassen. Die Besitzer vom Restaurant haben das nicht gerne, weil man vom Pilgerzimmer sonst einfach in die Büros gehen könnte, verstehen Sie?"

„Alles gut. Ich wollte ohnehin gerne zelten."

„Ich dachte nur, weil für heute Nacht Schneefall gemeldet ist."

„Ich hatte ein wenig gehofft, irgendwie im Kloster unterzukommen. Aber dann habe ich erfahren, dass es hier gar kein wirkliches Kloster gibt."

„Nein, oben auf dem Berg sind nur die Wohnungen und Häuser der Bediensteten. Aber dort gibt es noch ein Obdachlosenzimmer. Es ist nur so, dass dort zuletzt vor einem Jahr ein Gast war; und davor lange Zeit niemand. Dem entsprechend sah es auch aus: Sehr staubig. Wir haben für den guten Mann erst einmal alles sauber gemacht. Furchtbar peinlich war das. Nun sieht das Zimmer sicherlich wieder genauso aus; dort war schließlich seit einem Jahr niemand mehr drin. Aber wenn Sie möchten, rufe ich den Pater an und bitte ihn um Erlaubnis, Sie dort einzulassen."

„Das ist sehr lieb von Ihnen, aber machen Sie sich keine Umstände. Das Zelt steht bereits, der Schlafsack hält warm und ich freue mich auf eine Nacht im Zelt."

„Also, wie Sie möchten. Sonst hätte ich den Pater gerne angerufen."

„Hat er einen osteuropäischen Akzent?"

„Ja, genau. Kennen Sie ihn?"

„Ich habe ihn heute kurz kennengelernt. Er hat mir erlaubt zu zelten."

„Das Obdachlosenzimmer hat er Ihnen nicht angeboten?"

„Nope. Aber er war auch in Gedanken ganz bei der kaputten Glastür des Souvenirladens."

„Ach so, ja, so wird es sein. Es tut mir so leid, Ihnen nichts anbieten zu können. Soll ich den Pater wirklich nicht fragen?"

„Nein, es ist alles in bester Ordnung, vielen Dank."

„Ich kann Ihnen leider nicht einmal etwas zum Essen anbieten, außer eine Fünf-Minuten-Terrine oder heißem Wasser."

„Danke sehr, aber ich habe vorhin sehr gut und ausgiebig im Restaurant gegessen."

„Kann ich sonst etwas für Sie tun?"

„Danke, aber ich bin bestens versorgt. Waren Sie eben auch in der Messe?", frage ich, denn ich glaube, in ihr die Frau wiederzuerkennen, die am euphorischsten sang und am inbrünstigsten betete.

Sie ist überrascht: „Ja, war ich. Sie aber habe ich gar nicht gesehen!?"

„Ich habe mich im Hintergrund gehalten und mir nur alles angeschaut."

„Haben Sie denn nicht die heilige Kommunion empfangen?", sie wird nervös.

„Sie meinen die Hostie?"

„Genau."

„Nee, ich bin konfessionslos."

„Dann wird es aber Zeit!", ruft sie, nicht böse, aber wie die Angestellte einer Fluggesellschaft am Gate, zu der man hinschlendert und nachlässig sein Ticket zeigt, obwohl schon seit zehn Minuten der letzte Aufruf getätigt wird.

Ich lächle nur zur Antwort.

„Ach Herr Je!", fährt sie hoch, „ich habe mich zu sehr festgequatscht. Ich sollte schon längst Feierabend machen. Das wird dem Pater gar nicht gefallen. Ich muss mich beeilen. Entschulden Sie bitte." Sie packt ein paar weitere Dinge in den Kofferraum ihres Wagens, verabschiedet sich dann und fährt davon.

Es wird still im Tal. Kein Mensch außer mir ist mehr da. Einige Schwalben flitzen noch über der Kirche umher. Es wird kühler. Ich nutze die Ruhe, um ein Tagebuch-Video zu machen. Sitze danach noch ein wenig herum und reflektiere den Tag. Als es dunkel wird, ziehe ich mich in mein Zelt zurück.

Vierter Tag

04. Mai 2019

Von Maria Martental nach Lutzerath

14 Kilometer

Erkenntnis des Tages:

„Bittet, so wird euch gegeben;
suchet, so werdet ihr finden;
klopfet an, so wird euch aufgetan."

– Matthäus, 7,7 –

A**ch kalt!

„Die Schwierigkeiten, auf die wir stoßen,
wenn wir ein Ziel zu erlangen trachten,
sind der kürzeste Weg zu ihm."

– Khalil Gibran –

Ich erwache halb. Es ist kalt um meine Nase. So tief wie möglich ziehe ich mich in den mollig warmen Schlafsack zurück und döse weiter, lausche dabei auf das vereinzelte Tropfen leichten Regens auf die Zeltwand. Bald erwache ich ganz. Licht eines trüben Morgens erhellt das Innere des Zeltes. Das Geräusch des Regens klingt seltsam, fast so wie ...; ich öffne den Reißverschluss am Durchgang des kleinen Zeltvorraumes, und tatsächlich: Schneeregen! Kälte umfasst meinen nackten Arm, der schnell wieder den Reißverschluss zuzieht. Das sind ja schöne Aussichten für den Tag! Ich stopfe meine Kleidung zu mir in den Schlafsack, um sie vor dem Ankleiden ein wenig aufzuwärmen.

So liege ich noch einige Zeit da, schaue mich um und strahle zufrieden bis über beide Ohren. Ich lasse in Gedanken die bisherige Tour revuepassieren und verdeutliche mir meine aktuelle Situation. Einfach herrlich. Ich wüsste nicht, was mir gerade lieber wäre. Okay, vielleicht wären mir zwanzig Grad

Celsius lieber ... aber naja – man kann bekanntlich nicht alles haben.

Es nützt nichts: Ich muss raus aus dem warmen Schlafsack, rein in die nun angewärmten Klamotten und in Gang kommen. Ein leichter Graupel fällt mit nassen Flocken, die aber nicht liegenbleiben; nur an einer Stelle neben meinem Zelt bildet sich ein kleines matschiges Häuflein.

Ich begebe mich zu den Sanitäranlagen, um mir die Zähne zu putzen. Danach packe ich den Rucksack. Dazu muss ich erst einmal alles aus dem Zelt unter das kleine Vordach des Hintereingangs der Kirche räumen, wo es trocken liegt, während ich das Zelt abbaue. Gar keine so angenehme Aufgabe bei diesem Wetter. Die Zeltwand ist nass, somit auch meine Hände, die mir schon nach kurzer Zeit frieren. Jede Bewegung der Finger schmerzt. Unter dem Vordach packe ich alles in den Rucksack. Für ein Frühstück ist es mir hier zu kalt und ungemütlich. Deshalb beschließe ich, unterwegs in einer Bäckerei zu frühstücken und mich aufzuwärmen. Während des Packens esse ich nur etwas Studentenfutter.

Als alles verstaut ist, will ich nochmal meine Wasserflasche auffüllen gehen. Auf dem Platz vor der Kirche steht ein Auto. Ein Mann fegt den überdachten Gang zwischen Kircheneingang und Sakristei. Ich grüße ihn; er erwidert, woraufhin wir miteinander ins Gespräch kommen. Er ist ein freundlicher Mensch, spricht breitestes Eifler Platt und ist vom Wesen eines Bauern, der sein Leben lang viel gearbeitet hat und alles im Leben so nimmt, wie es kommt. Er erzählt, dass er für die Kirche als ehrenamtlicher Hausmeister arbeite. Man habe ihn informiert, dass ich hinter der Kirche zelte. Er bietet mir an, für mich einen Kaffee oder Tee zuzubereiten. Ich lehne dankend ab und sage, dass ich sofort starten wolle. Er sieht die Flasche in meiner Hand und fragt, ob er mir wenigstens warmes Wasser geben könne. Dieses Angebot nehme ich gerne an und folge dem Mann in die Sakristei. Hier bereitet gerade ein Pastor alles für die morgendliche Messe vor, begrüßt mich freundlich und gibt mir lächelnd die Hand. Er scheint indischer Herkunft zu sein, bespricht mit dem Hausmeister in gebrochenem Deutsch einige Vorbereitungen für die Messe. Es ist mir ein Rätsel, wie der Pastor als Fremdsprachler den platten Dialekt seines Gegenübers verstehen kann. Als der Hausmeister mir die mit heißem Wasser gefüllte Flasche zurückreicht, verabschiede ich mich von den beiden Männern. Hinter der Kirche mache ich ein Tagebuch-Video; und mich dann auf den weiteren Weg.

Nicht weit von der Wallfahrtskirche entfernt befindet sich ein hübscher Wasserfall, der von einer Brücke überspannt wird. Es ist die Wilde Endert, die an dieser Stelle etwa sieben Meter rauschend in die Tiefe stürzt. Ich lasse diese wundervolle Kulisse auf mich wirken und schieße ein paar Fotos.

Der Graupel ist in Nieselregen übergegangen. Die gelbe Jakobsmuschel am Wegesrand weist talaufwärts einen Waldweg entlang des Bachlaufes. Unter meiner Regenjacke wird es angenehm warm, je länger ich laufe. Ich bin froh, dass es lediglich nieselt, doch das trübe Wetter lässt dieses eigentlich so schöne Tal sehr trostlos aussehen. Hinter einer Wegbiegung steht ein Traktor samt Anhänger in der Mitte des Weges. Ein junger Mann in etwa meinem Alter verlädt Holz. Wir grüßen einander, als ich vorübergehe. Es geht lange bergauf durch das schmale Tal. Die Äste der Nadelbäume hängen schwer vom Wasser lustlos herab.

Bald verlasse ich den Wald. Der Wind nimmt an Stärke zu, und ich passiere einige Stellen, an denen etwas Schnee liegen geblieben ist. Dann überquere ich die B259, auf der ein Auto mit verschneitem Dach und Motorhaube an mir vorüberfährt.

Alflen

„Einzig die Richtung hat einen Sinn.
Es kommt darauf an,
dass Du auf etwas zugehst,
nicht dass Du ankommst."

– Antoine de Saint-Exupéry –

Über einen Wirtschaftsweg betrete ich Alflen. Im Ort schaue ich mir die kleine Kapelle an der Ecke Moselweg – Kapellenstraße an. Dann finde ich das Café Müsch. Eine wohltuende Wärme und ein herrlicher Duft nach frischen Backwaren empfangen mich, als ich eintrete. Die beiden Verkäuferinnen grüßen freundlich. Nachdem ich die nasse Jacke ausgezogen habe, setze ich mich in einen der bequemen Sessel, die um Cafétische herum stehen. Zum Frühstück bestelle ich zwei

Laugencroissants, dazu Tee, und mache es mir gemütlich. Die beiden Damen sind neugierig und fragen mich nach dem Ziel meiner Wanderung mit einem so großen Rucksack. Ich erzähle ihnen vom Eifel-Camino, aber auch vom Camino Francés und dem Pilgern im Allgemeinen. Als eine Kundin die Bäckerei betritt, unterbrechen wir unser Gespräch. Die eine der beiden Verkäuferinnen spricht angeregt mit ihr. Es ist unvermeidlich, das Gespräch zu verfolgen, wobei ich weniger auf den Inhalt, als auf den Dialekt der beiden Damen achte; beziehungsweise auf die Unterschiede zwischen ihrem und meinem Dialekt. Denn so grundverschieden sind sie sich zwar nicht, doch bei einigen Worten muss ich schmunzeln und blicke auf. Die zweite Verkäuferin sieht mich lächelnd an und fragt mit osteuropäischem Akzent: „Verstehen Sie überhaupt irgendetwas?“

Die beiden anderen unterbrechen ihre Unterhaltung und sehen mich strahlend an.

„Ja, alles. Aber es ist witzig, wie hier manche Wörter ausgesprochen werden. Schon komisch, wie die Unterschiede auf nur so wenigen Kilometern Entfernung doch sind.“

„Wo kommen Sie denn her?“, möchte die Kundin von mir wissen.

„Aus Andernach.“

„Ach was!? Da wohnt eine Cousine von mir. Sie führt die Bäckerei Fedl. Kennen Sie die?“

Ich muss lachen: „Wahnsinn. Klar kenne ich die Bäckerei Fedl. Ich bin dort aus der Nachbarschaft.“

„Und was machen Sie hier? Sind Sie mit dem Rucksack unterwegs?“

Auch ihr berichte ich in kurzen Worten von meiner Tour.

„Ach, das ist ja toll", sagt sie. „Dann wünsche ich Ihnen noch einen guten Weg." Sie verabschiedet sich freundlich und geht.

Ich bestelle noch zwei Stücke Kuchen; immerhin ist es schon fast Mittag. So esse ich einfach die Menge zweier Mahlzeiten. Danach ruhe ich mich noch ein wenig im gemütlichen Sessel aus und plaudere mit den Damen, bis ich mich schließlich verabschiede und aufbreche.

Noch immer ist es kalt, als ich auf die Straße trete; und der Himmel noch immer bedeckt. Von der Kapellenstraße aus überquere ich die L52. Auf dem Parkplatz dahinter versammeln sich ein paar Herrschaften in Wanderkleidung und Rucksack zu einer Prozession. Die Damen in der Bäckerei hatten mir erzählt, dass die Gemeinden der umliegenden Dörfer an diesem Wochenende alle zur Marienkirche nach Driesch pilgerten – was ebenfalls meine nächste Station ist. Ich hoffe, mir begegnen unterwegs nicht allzu viele Menschen, möchte ich doch lieber allein gehen und die Stille genießen. Ich grüße die Gruppe nur kurz und folge der Kirchstraße zur Pfarrkirche, um sie zu besichtigen.

Am Ortsausgang folge ich einem langen, geraden, von ein paar jungen Bäumen gesäumten Wirtschaftsweg, zu dessen Rechten die Felder hügelab an einen Wald grenzen. Hier steht ein Stein mit einer Infotafel darauf, an dem ich im Stehen eine kurze Pause einlege und den Text lese:

„Erfroren im Eifel-Schnee

Im Jahre 1830 hatte der Lehrer morgens in der Schule bekannt gemacht, dass die Kinder der ärmeren Leute jetzt auf Kosten der Gemeinde Schulbücher beim Amtsrentmeister in Lutzerath bekämen. Da mögen wohl viele voller Freude gejauchzt haben, und auch die junge Witwe Maria Schneider konnte ihre beiden Kinder nicht mehr bremsen. Gleich nachmittags rannten sie los. In Lutzerath steckten sie die Fibeln hastig ein und machten sich umgehend auf den Heimweg. In Driesch hatten sie dann den Einfall, auch der Mutter noch etwas mitzubringen. In einigen Häusern, die am Nachhauseweg lagen, baten sie um Brot. Die mütterlichen Bauersfrauen zeigten besorgt gegen den düsteren Winterhimmel und trieben die Kinder zur Eile auf dem Heimweg an. Als dann das Schneetreiben einsetzte und die Dunkelheit hereinbrach, wurde Frau Schneider in Alflen immer unruhiger. Die Nachbarn beruhigten sie und wiesen auf die Kürze der Zeit hin, die zwischen dem Schulschluss und dem frühen Abend war und auch darauf, dass die fünfzehnjährige Tochter Maria Elisabeth doch schon vernünftig sei. Als die verzweifelte Mutter dann endlich einige Männer zur Suche bewegt hatte, lag der nasse Schnee schon recht hoch, und es wurde auch immer kälter.

Der mit Fackeln ausgerüstete Trupp kehrte gegen Mitternacht entmutigt zurück und konnte der weinenden Frau nur noch die Hoffnung darauf machen, dass die Kinder wohl bei fürsorglichen Leuten über Nacht geblieben seien.

Beim ersten Morgengrauen stapfte die vergrämte Frau schon aus dem Haus und die nacheilenden Nachbarn hörten schon bald ihren Aufschrei. Nicht weit vor dem Dorf am Moselweg, wo das Lutzerather Pfädchen mündete, hatte sie die leblose Tochter, die offensichtlich für das ermattete Brüderchen hatte Hilfe holen wollen, gefunden.

Der kleine Bartholomäus war ein Stück weiter in Richtung Driesch an einem Schneewall kraftlos sitzen geblieben. Auch die Jacke und das Tuch der Schwester hatten ihn nicht vor dem eisigen Tode bewahren können. Den grobgewebten grauleinenen „Schulersack“ mit den Büchern und dem Brot hielt er noch umklammert.

An der Stelle, wo man den Jungen gefunden hatte, wurde ein Gedenkstein errichtet, allen Kindern zur Mahnung, nur ja nicht im Schnee zu rasten.“

Das Gelesene macht mich ein wenig betrübt und nachdenklich.

Ich folge dem asphaltierten Wirtschaftsweg. Die Sonne kommt heraus, der Himmel klart sich auf, der Wind bleibt jedoch kalt. Mit Gegenwind geht es über Feldwege, vorbei an kleinen Wäldchen. Nach etwa vier Kilometern durchquere ich den Ort Gillenbeuren mit seinen historischen Häusern. Hinter dem Dorf führt ein Schotterweg bergab in eine Senke, durch die der Hinigert Bach fließt. Auf dem Weg hinunter beobachte ich im Näherkommen einen Mann, der mit einer Schaufel die hohen Gräser am Wegrand beiseite drückt, um etwas zu suchen. Er scheint es gefunden zu haben und vermisst von dort mit langen Schritten in meine Richtung eine Distanz. Nach einer bestimmten Anzahl von Schritten bleibt er stehen und beginnt erneut, mit der Schaufel nach etwas im hohen Gras zu suchen. Inzwischen bin ich an ihn herangekommen: „Guten Morgen."

„Morgen."

„Rechnen Sie Sich schon die Ernte aus?", frage ich.

„Nein, ich habe ein Stück Land verkauft. Jetzt muss ich schauen, ob die Grenzsteine noch richtig sitzen. Muss ja alles seine Richtigkeit haben."

Wir wechseln noch wenige Worte, aber da er beschäftigt ist und ich so verschwitzt nicht lange im kalten Wind stehen möchte, gehe ich bald weiter; erst über eine kleine Brücke, dann hügelan, bis ich Driesch erreiche.

Driesch

*„Wenn der Weg schön ist,
lass' uns nicht fragen,
wohin er führt!"*

– Anatole France –

Vorbei am alten Backeshaus erreiche ich die Marienkirche in Driesch. Gegenüber ihrem Eingang arbeitet ein Mann in seinem Vorgarten. Ansonsten ist es sehr ruhig. An der Kirchentür stelle ich den schweren Rucksack ab, lehne ihn an die Gebäudewand, den Pilgerstab daneben, und betrete das Gotteshaus. Es ist eine schöne Kirche, mit sehr altem und wertvollem Schmuck. Ich bin der einzige Besucher, weshalb ich mich auf eine der Kirchenbänke lege, um meine Erschöpfung ein wenig auszuruhen. Nach wenigen Minuten habe ich dann doch Bedenken, es könnte jemand hereinkommen und mich so da liegen sehen. Ich erhebe mich wieder und besehe mir die Ausstattung der Kirche; vor allem die kunstvollen Gemälde der Kreuzigungsszenen.

Helles Sonnenlicht fällt plötzlich durch die hohen Fenster. Ich möchte hinaus, um mich ein wenig von den Strahlen der Sonne wärmen zu lassen. Als ich mich zum Ausgang begebe, betreten drei Mädchen und ein Junge – alle im Alter von etwa Anfang zwanzig – die Kirche. Wir grüßen einander leise, als ich das Gebäude verlasse. In den wenigen Minuten, die ich in der Kirche verbrachte, muss es geregnet haben; mein Rucksack und die darauf zurückgelassene Kappe sind leicht nass. Direkt neben der Tür finde ich einen windgeschützten Winkel, in den ich mich hocke und mir die wärmende Sonne ins Gesicht scheinen lasse. Dabei trinke ich das heiße Wasser, welches mir der Hausmeister der Wallfahrtskirche Maria Martental in meine Thermoskanne gefüllt hatte. Es wärmt herrlich. Mit geschlossenen Augen verweile ich einige Minuten. Bald öffnet sich die Kirchentür wieder und die Gruppe kommt heraus.

„Seid *ihr* an diesem kalten Wetter schuld?“, frage ich scherzhaft das Mädchen, welches am selbstbewusstesten wirkt.

Sie schaut mich mit großen Augen an, scheint nachzudenken und sagt dann zögernd entschuldigend: „No german.“

„Oh, sorry“, lache ich. Wer hätte denn in Driesch damit gerechnet!? Auf Englisch wiederhole ich meine Frage, doch die junge Frau scheint noch immer nicht zu verstehen und sieht die anderen fragend an.

„Woher seid ihr?“, frage ich auf Englisch.

„France.“

„Und ihr sprecht kein Englisch?“, möchte ich wissen.

Eine andere antwortet langsam mit starkem französischem Akzent auf Deutsch: „Ich spreche Deutsch.“

„Ah, cool. Was macht ihr hier?"

„Ich wohne in Driesch. Meine Freunde sind aus Frankreich zu Besuch und ich zeige ihnen das Dorf. Und was machst du?"

„Ich laufe den Eifel-Camino. Das ist ein Jakobsweg." Niemand reagiert. Ich krame in meiner Erinnerung: „Chemin de Compostele auf Französisch."

Jetzt scheint es Klick zu machen. Wir wechseln noch wenige Worte, dann wünschen sie mir eine gute Weiterreise und gehen. Ich schultere den Rucksack und breche wieder auf. Nur wenige Meter weiter in der Unterdorfstraße, Ecke Koblenzer Straße grüßt mich eine attraktive junge Frau Mitte zwanzig, als sie in ihr Auto steigt. Sofort beschleicht mich ein heftiges Gefühl von Einsamkeit. Es ist verrückt: Laufe ich Tage lang durch Wälder und über Felder wo ich keiner Menschenseele begegne, fühle ich mich pudelwohl; sehe ich aber attraktive Frauen oder eine Gruppe untereinander befreundeter Menschen, die sich amüsieren, fühle ich mich einsam. Das bringt mich ins Grübeln.

Ab dort, wo die Koblenzer Straße in die L16 übergeht, führt mein Weg an der Grund- und der Realschule vorbei und in den Ort Lutzerath hinein.

Lutzerath

„Wer zu sich selbst finden will,
darf andere nicht nach dem Weg fragen."

– Paul Watzlawick –

Von Norden her ziehen tiefdunkle Wolken auf. Es sieht nach Regen aus, was mich ein wenig nervös macht. Auf der Hauptstraße komme ich bald am Hotel ‚Maas' vorüber. Die große Werbeaufschrift ‚Massage' lacht mich an. Das wär's, denke ich: Einzelzimmer mit gemütlichem Bett und heißer Dusche; danach eine entspannende Massage, gefolgt von frischen, sauberen Klamotten und einem deftigen Essen samt Bier. Eine paradiesische Vorstellung.

Hotel ‚Maas'!? Hatte nicht Heinz Schäfer in Mayen davon gesprochen? Und hatte er nicht gesagt: „Wenn Sie in Lutzerath zum Hotel ‚Maas' kommen, gehen Sie zum Chef und sagen:

‚Schönen Gruß von Heinz Schäfer ... Sie sollen `nen guten Preis machen‘?“

Ich schaue im Smartphone nach, wo ich mir Herrn Schäfers Empfehlung notiert hatte. Tatsächlich. Es ist dieses Hotel. Im Pilgerführer lese ich, dass das Einzelzimmer einundvierzig Euro pro Nacht kosten soll. Ich stelle mir vor, dass es mit ‚einem guten Preis‘ bei circa dreißig Euro liegen könnte. Das wäre in Ordnung für mich. Die einundvierzig Euro im Buch sind mir persönlich hingegen zu viel, nur um nicht im Zelt übernachten zu müssen. Wie dem auch sei: Ich brauche erst einmal Bargeld. Als ich mich umschaue, entdecke ich nicht weit entfernt eine Sparkasse, in der ich am Automaten Geld abhebe. So liquide fühle ich mich gleich besser. Danach überquere ich die Straße und betrete das Hotel ‚Maas‘.

Das Restaurant rechts des Eingangsbereiches ist sehr gemütlich eingerichtet. Vorsichtig trete ich ein, wegen des großen Rucksacks auf jede meiner Bewegungen bedacht. Hinter dem Tresen steht ein Mann Ende dreißig. Wir grüßen einander.

„Hallo, kann ich hier einen Stempel für den Eifel-Camino bekommen?“ frage ich.

„Natürlich. Kommen Sie bitte mit nach nebenan.“

Ich folge ihm auf die linke Seite des Eingangsbereiches zur Rezeption. „Ich würde gerne auch wissen, was ein Einzelzimmer kostet“, erkläre ich, während er den Stempel sucht.

Er setzt mir den Stempel in den Pilgerausweis und schaut im Computer nach dem Preis: „Einundfünfzig Euro pro Nacht.“

Anscheinend ist in den wenigen Jahren, die der Pilgerführer alt ist, der Preis angestiegen. Aber selbst, wenn er mir wegen Heinz Schäfers Gruß etwa zehn Euro Rabatt gewähren würde, übersteigt das mein Budget. Ich erkläre dem Mann, dass ich gleich draußen in Ruhe darüber nachdenken müsse, weil ich eigentlich nur ein Bett und eine Dusche brauche. Von sich aus erwähnt er jedenfalls keinen Nachlass für Pilger. Ich bedanke mich für den Stempel und gehe hinaus auf die Straße und überschlage kurz im Kopf die Preise für Zimmer, Abendessen und Massage – welche ich dann gerne in Anspruch nehmen würde –, und komme auf das Ergebnis: Zu viel für einen Knauser wie mich. Deshalb stapfe ich weiter; wollte ich es doch heute ohnehin noch bis nach Kennfus schaffen. In einer Karten-App hatte ich mir nämlich eine Grillhütte als möglichen Schlafplatz herausgesucht. Allerdings hat sich der Himmel über mir schrecklich verfinstert und sieht nach Regen oder gar Schnee aus.

Als ich an einem Edeka vorübergehe, überkommt mich der Gedanke an einen warmen Erbseneintopf als Abendessen. Also hinein! Ich schlendere durch die Gänge und kaufe zusätzlich noch etwas frisches Gemüse. Hinter der Kasse packe ich alles in den Rucksack und schaue dabei durch die gläserne Schiebetür hinaus. Schneeregen fällt in dicken, schweren Flocken. Mit hochgezogenen Augenbrauen drehe ich den Kopf zu dem Mädchen hinter der Bäckereitheke, die meinen Blick grinsend erwidert.

„Ich glaube, ich bleibe noch ein wenig", sage ich zu ihr und bestelle zwei Pizzabrötchen. Während ich im Stehen esse, frage ich das Mädchen, ob sie im Ort eine preiswerte Unterkunft wisse, oder jemanden kenne, der Couchsurfer aufnehme. Ihr fällt leider lediglich das Hotel ‚Maas' ein, doch fragt sie ihre Kollegin von der Kasse. Diese gibt die Frage an die Kollegin von der anderen Kasse weiter. Und jene wiederum geht nach hinten ins Geschäft, um die Kollegin von der Fleischtheke zu fragen; kann mir aber auch lediglich das Hotel nennen, als sie wiedererscheint. In dem Moment tritt mein Retter in weißer Robe ins Geschäft. Ein Mann wie ein Bär, einen halben Kopf kleiner als ich, mit kräftigen Händen und der

Statur eines gemütlichen Bierkenners. Gekleidet in weiße, mit Spachtelmasse und Farbe verschmutzte Arbeitsklamotten. Er tritt an die Kassiererin heran, welche noch neben mir steht und spricht nach einer Kunstpause mit rauer Stimme: „Ich brauch' Puderzucker."

Ich blicke von ihm zu der Frau.

„Puderzucker?", fragt sie.

Ich schaue zurück zu ihm.

„Puderzucker ... Für 'nen Kuchen."

Ich sehe wieder zu der Frau.

„Im dritten Gang rechts, wo der normale Zucker auch steht."

Ich blicke wieder zu dem Mann. Der schaut die Frau an wie ein Fragezeichen.

„Ich bringe ihn dir", gibt sie nach und befindet sich bereits im Fortgehen, als er ihr einen Schritt nachgeht und noch einige Worte hinzufügt, die ich nicht höre. Dann wendet er sich unverwandt an mich: „Du suchst 'was zum Pennen?"

Ich bin verwirrt. „Woher ...?"

„Hat sie mir gerade gesagt," erklärt er freundlich.

„Ja, ich suche eine Unterkunft", antworte ich und erkläre, dass ich nach Trier pilgere, heute eigentlich noch nach Kennfus laufen wollte, mich aber nun das miese Wetter überrascht hat.

„Ich kann dich auch nach Kennfus fahren. Haste da was, wo du pennen kannst?"

„Nein, so direkt nicht. Der Plan war, dort in einer Grillhütte zu übernachten. Ich habe auch mein Zelt dabei. Das Angebot ist sehr freundlich, aber mich einen Teil meiner Strecke fahren zu lassen wäre gemogelt."

„Verstehe. Aber zelten? Das wird kalt heut' Nacht."

„Ich denke auch. Deshalb hatte ich im Hotel nachgefragt, aber das will ich mir nur ungerne leisten. Und eine Jugendherberge scheint es hier nicht zu geben."

„Nein, sowas gibts nicht in Lutzerath“, bestätigt er und überlegt kurz. „Ich habe ‘n Gartenhäuschen, in dem du schlafen kannst, wenn du willst. Das ist gut isoliert. Ich hab‘ es selbst gebaut, wie ‘n richtiges Haus.“

Ich denke nach. Solch schnelle Entscheidungen überfordern mich stets. Plötzlich kommen Zweifel hinzu – wo kommen die denn nun her? Soll ich? Soll ich nicht? Ich gehe in mich: Ein innerer Impuls hat mich in den Edeka gehen lassen, obwohl ich eigentlich mit meinen Lebensmitteln ausgekommen wäre. Ein weiterer Impuls hat mich das Mädchen von der Bäckerei nach einer Unterkunft fragen lassen. Und plötzlich betritt zufällig jemand das Geschäft, der mir eine Bleibe anbietet. ‚Zufällig‘? Das waren ein bisschen zu viele Zufälle und innere Impulse auf einmal. Es soll anscheinend so sein!? Wahrscheinlich sollte mir das Hotel auch zu teuer sein, und das Wetter plötzlich so mies. Zwar hat es inzwischen fast aufgehört zu schneien, aber die Vorstellung, nun weiterzumarschieren und später bei möglichem Wiedereinsetzen des Schneeregens klatschnass zu werden, gefällt mich gar nicht. ‚Vertraue!‘ sage ich mir.

Der Mann bemerkt ein Zögern und hat Verständnis: „Wenn du willst, schau es dir einfach mal an; kannst ja dann immer noch entscheiden.“

Es waren so viele Begebenheiten, die hierzu führten. Das kann kein Zufall sein. Ich gebe mir einen Ruck und vertraue: „Ich nehme dein Angebot gerne an“, sage ich strahlend vor Stolz und Dankbarkeit.

„Alles klar. Ich bin der Wolly“, sagt er und wir reichen einander die Hände.

Die Kassiererin bringt den Puderzucker, Wolly gibt ihr Kleingeld, mit dem sie sich zur Kasse begibt und mit Wechselgeld zurückkehrt.

„Na dann komm!“, sagt er zu mir. „Oder musst du noch ‘was kaufen?“

„Nein, ich habe alles.“ Mit einem zufriedenen Gesicht schultere ich den Rucksack und bedanke mich im Hinausgehen bei den Angestellten. Gegenüber des Ladeneinganges steht Wollys Wagen: Ein verbrauchter alter Seat Inca Kastenwagen. Im abnehmenden Schneeregen huschen wir über die Straße.

„Du musst hinten in den Laderaum. Ich habe vorne einen Kollegen sitzen. Aber es ist nicht weit.“ Er öffnet die Hecktüren, zieht eine große Pappe nach vorne, auf die ich den Rucksack lege. Dann klettere ich hinterher und hocke mich auf den Radkasten.

„Okay? Dann halt‘ dich fest. Aber keine Angst: Ich fahr‘ langsam, und es ist gleich ums Eck.“ Er schließt die Hecktüren, und steigt auf den Fahrersitz. Durch ein Fensterchen kann ich in die Fahrerkabine sehen. Wolly spricht mit seinem Kollegen. Anhand der Gesten und der wenigen Worte, die ich verstehen kann, erkenne ich, dass er ihm von mir erzählt. Er startet den Wagen und fährt davon. Ich freue mich sehr über dieses winzig kleine Abenteuer: Wann fährt man schonmal im Laderaum eines Fahrzeuges mit? In Deutschland eigentlich undenkbar.

Wolly

„Es sind die Begegnungen mit Menschen,
die das Leben lebenswert machen."

– Guy de Maupassant –

Wir fahren tatsächlich nicht weit. Schon nach etwa zweihundert Metern biegt der Wagen rechts ab. Ein schmales Sträßchen führt bergauf, und nach weiteren zweihundert Metern halten wir bereits wieder. Wolly steigt aus und öffnet die Hecktüren: „Da wär'n wir. Ich helf' dir mit dem Rucksack. Folge mir unauffällig!", scherzt er.

Der Mann führt mich durch eine unverschlossene Gittertür in einen Garten. Es ist keine ordentliche Schreber-Parzelle, sondern ein richtiger Garten, mit einem großen Walnussbaum hinter der kleinen Hütte, einem Teich mit Seerosen, verschiedenen kleinen Bäumchen wie Mirabelle, Kirsche und Apfel, ein paar Beeten, die nur auf ihre Bepflanzung mit Gemüse warten, verschiedenen Sträuchern und vielen Wildblumen im knöchelhohen Gras. Der Schneeregen hat derweil aufgehört und es dringen wieder wärmende Sonnenstrahlen durch die kalte, feuchte Luft.

„Willkommen in meiner Oase", sagt Wolly. „Fühl' dich bitte zu Hause."

„Schön hast du es hier", muss ich anerkennen.

Er öffnet die Tür des etwa neun Quadratmeter großen Gartenhäuschens. Drinnen ist es unordentlich; zumindest, wenn man es als Gartenhäuschen betrachtet. Nennt man es Geräteschuppen, passt es wieder. Unter der schmalen Bank steht ein Rasenmäher, in einer Ecke verschiedene Stielwerkzeuge und in einer anderen ein Stapel weißer Plastikstühle mit Sitzauflagen aus den achtziger Jahren. Im Raum dazwischen steht vieles mehr herum, sodass leider kaum Platz zum Treten bleibt.

„Du kannst es dir hier drin zurechtmachen, wie du es brauchst. Stell' alles 'raus, was stört; damit du dich lang machen kannst." Er beginnt bereits einige Teile hinauszuschaffen.

„Ich mach das schon, Wolly, vielen Dank."

„Ich würd' ja gerne helfen, aber ich bin aufm Weg in die Kneipe. Wir schau'n Fußball. Kommste mit?"

„Danke für das Angebot, aber Fußball ist nicht mein Ding, und ich bin froh, wenn ich gleich einfach nur ausruhen und in der Sonne sitzen kann. Sie scheint gerade so schön."

„Kann ich sehr gut verstehen. Ist dir das Häuschen denn als Schlafplatz recht?"

Ich überlege kurz: Wirklich groß ist die Hütte nicht, doch immerhin trocken und wahrscheinlich gut isoliert. Auf eine Nacht im Zelt habe ich heute keine Lust; die kommende Nacht wird sicher sehr kalt. „Ja, die Hütte ist perfekt. Vielen Dank für deine Hilfe."

„Kein Problem. Ich weiß ja, wie der Hase läuft. Du bist mir sympathisch, und das ist selten. Und ich find' es echt super, was du da machst. Deshalb möchte' ich dich unterstützen."

„Freut mich sehr zu hören, Wolly, danke dir vielmals."

„Ich hab' schon in Rohbauten gepennt, im Winter, bei bitterster Kälte. Hab' auf dem Estrich geschlafen, mit ein paar

Folien als Ersatz für die Türen, um das bisschen Wärme vom Heizstrahler wenigstens halbwegs im Raum zu halten."

„Oh Mann, da bin ich nicht gerade neidisch drauf. Aber sag mal: Was mache ich, wenn ich mal den Drang der Natur verspüre? Ich will dir ungerne in den Garten machen."

Er schnappt sich einen Eimer und ich folge ihm zum Brunnen. „Den hab' ich selbst gegraben, mit meinen eigenen Händen."

Wolly betätigt mehrmals den langen Hebel der alten Brunnenpumpe. Nichts geschieht. Er nimmt einen Eimer Wasser aus dem Teich, gießt ihn in die Öffnung um den Pumpenkolben, und betätigt den Hebel erneut. Nun schießt Wasser in Stößen aus dem Hahn, unter welchen er nun den Eimer stellt und pumpt, bis dieser zu etwa zehn Zentimeter gefüllt ist.

„Da kannste rein machen", erklärt er.

„Und dann?"

Er sieht sich um und zeigt unter eine Hecke: „Dann kippste es da runter. Ist besser als in 'nen Karton zu scheißen, so wie wir auf den Baustellen manchmal."

Vor meinem inneren Auge sehe ich mich schon auf dem Eimer sitzen; ein Gedanke, der mir gar nicht gefällt.

„Jetzt fahr' ich zum Fußball, komm' aber später wieder. Ich wohn' unten, gleich am Ende der Straße. Da leg' ich 'nen Schalter um, damit du hier Licht und Strom auf der Steckdose in der Hütte hast. Ein paar Bier lass' ich dir aber noch da. Trinkste Oettinger?", fragt er, als ich ihm zum Auto folge.

„Och du, man soll das Bier trinken, wie es kommt. Ich bin keiner, der ins Glas spuckt."

Er dreht mir den Kopf zu und schaut mich durch seine zusammengekniffenen Augen an: „Du bist mir wirklich sympathisch", lacht er, und haut mir seine Pranke gegen den Oberarm, dass ich einen Schritt zur Seite machen muss, um nicht das Gleichgewicht zu verlieren. Wolly drückt mir drei Flaschen Bier in die Hand: „Reicht das?"

„Dicke."

„Gut. Mach's dir gemütlich. Ich komm' später wieder und seh' nach dir."

„Vielen, vielen Dank Wolly. Und viel Spaß beim Fußball!"

Er steigt in seinen Seat, startet den Motor und fährt ab. Ich gehe in den Garten und stelle die Bierflaschen neben das Häuschen. Eine Zeit lang stehe ich in der Tür der Hütte, schaue mich um und lasse alles auf mich wirken. Ich weiß nicht, ob es Dir genauso geht, aber manchmal geschehen mir die Dinge ein wenig zu schnell und ich befinde mich physisch schon in einer neuen Situation, in der ich mental noch nicht wirklich angekommen bin. So kann's gehen: Eben noch wusste ich nicht wohin, und nun habe ich eine eigene Hütte. Zwar nicht Blankenese, aber immerhin. Kannst Du Dir vorstellen, wie seltsam es ist, wenn Dir Deine zuvor geäußerten Wünsche erfüllt werden oder sich alles plötzlich wie von selbst für Dich zum Positiven wenden? So, als beobachte jemand Dich und Deine Gedanken und spiele Dir die richtigen Menschen und Geschehnisse zu, die Du gerade brauchst. In solchen Situationen kommt mir stets wieder der Spruch in den Sinn: „Der Camino gibt Dir nicht, was Du willst, sondern, was Du brauchst." Ich liebe es!

Ein widerlich kalter Wind weht, doch noch scheint die Sonne. Unter die Regenjacke ziehe ich noch einen Kapuzenpulli über das Hemd, meine Wollmütze auf den Kopf, stelle einen der Plastikstühle in die Sonne und setze mich in mehrere Stuhlauflagen. Das Häuschen spendet ein wenig Windschatten, die Sonne scheint mir wärmend ins Gesicht. Ich schließe meine Augen. Halt! Etwas fehlt noch: ... *Zisch*. Der herbe Geschmack des kühlen Bieres rundet das Bild ab. Ich strahle bis über beide Ohren; herrlich!

Johanna

„Nach Jerusalem wandert man,
um Jesus zu finden,
nach Rom geht man zum Papst,
doch auf dem Pfad
nach Santiago de Compostela
sucht man sich selbst."

– Spanisches Sprichwort –

Nach kurzer Zeit kommen mir dann doch wieder Zweifel: Eigentlich wollte ich heute weiter gehen als nur die etwa dreizehn zurückgelegten Kilometer. Und die Vorstellung mit dem Eimer als Toilette missfällt mir ebenfalls. Was mache ich also? Gehe ich weiter? Aber wäre das nicht unhöflich?

Ich entscheide, vorerst noch ein wenig sitzen zu bleiben; die Bierflasche ist schließlich noch halb voll und gerade scheint die Sonne so schön.

Eine Frau kommt mit einem kleinen Hund den Weg von der Hauptstraße hinaufgegangen. Als sie mich erblickt, wird ihr Schritt energischer. Sie öffnet die Gartentür und geht mit verschränkten Armen auf mich zu, das Hündchen voran. An ihrem Blick merke ich: Sie ist auf Kriegsfuß. Oh Backe.

Ich muss sofort über die Situation lachen, hebe entwaffnend beide Arme, zeige abwehrend meine Handinnenflächen: „Bitte nicht erschrecken!“, rufe ich ihr zu. „Ich bin ein Pilger auf dem Jakobsweg und Wolly hat mir erlaubt, hier zu übernachten.“

Sie ist herangekommen. „So, so“, sagt sie nur, und schaut in die Hütte hinein, wo sie meinen Rucksack stehen sieht.

„Kennen Sie Wolly?“, frage ich.

„Allerdings! Er ist mein Mann“, sagt sie bestimmt mit osteuropäischem Akzent. „Ich wollte gerade mit dem Hund eine Runde gehen, da sehe ich jemand Fremden in unserem Garten sitzen und frage mich, wer denn das nun wieder ist. Wie kommst du denn hier herein?“

Ich schildere ihr meine Begegnung mit Wolly im Edeka.

„Und du bist auf Wanderschaft?“, fragt sie, woraufhin ich berichte, dass ich aus Andernach komme, den Eifel-Camino nach Trier pilgere und hier in Lutzerath eine Bleibe gesucht habe. Sie scheint nun offener und interessierter an meiner Geschichte.

„Und pilgerst du aus religiösen Gründen?“

„Nein, ich bin nicht religiös. Ich habe mit Religion nicht viel am Hut; halte von Konfessionen nicht viel. Ich bin sogar aus der Kirche ausgetreten. Für mich ist das Pilgern eher eine spirituelle Erfahrung, etwas Meditatives, Transzendentes, falls dir das Wort ein Begriff ist.“

„In der Tat, das tut es sogar“, sagt sie; erfreut darüber, ein Thema angesprochen zu wissen, welches sie interessiert.

„Schön“, ich grinse die ganze Zeit, weil ich die gesamte Situation witzig finde, doch vor allem wegen des raschen Stimmungswechsels der Frau von anfänglicher Missgunst gegenüber einem Fremden in ihrem Garten, hin zu einer angeregten Unterhaltung über ein Thema von gemeinsamem Interesse.

„Im vergangenen Jahr bin ich den Jakobsweg in Spanien gelaufen. Das war eine der tiefgreifendsten Erfahrungen meines Lebens. Ich hatte noch nie so viel Zeit und Gelegenheit, um über mein Leben, meine Vergangenheit, meine Zukunftspläne und darüber nachzudenken, was ich wirklich wirklich will im Leben. Das war sehr aufschlussreich."

„Wie lange hast du für den Jakobsweg gebraucht?"

„Achtunddreißig Tage; weil ich von Santiago de Compostela aus noch drei Tage weiter bis an die Küste gelaufen bin."

„Und *warum* bist du den Jakobsweg gegangen? Ich meine: Wie kam es dazu? Durch einen Schicksalsschlag?"

„Nein, zum Glück nicht. In jenem Jahr stand mein dreißigster Geburtstag bevor, und ich wollte einmal einen Schnitt machen; mir eine kleine Auszeit nehmen. Da fiel mir der Jakobsweg ein. Über den hatte ich schon mehrfach nachgedacht, aber ursprünglich nur, um eine sehr lange Strecke wandern zu können, ohne auf schweres Gepäck angewiesen zu sein. Im vergangenen Jahr wollte ich den Jakobsweg dann als Gelegenheit nutzen, um die letzten zehn Jahre zu reflektieren – zu sehen, ob ich erreicht hatte, was ich wollte; ob ich zufrieden damit sein konnte; ob ich sie genauso wiederholen wollte oder etwas ändern müsste. Und um die nächsten zehn Jahre zu visualisieren – zu überlegen, wie es weitergehen soll; ob ich genauso weitermachen möchte, wie bisher; und wo ich mich in den kommenden zehn Jahren sehe."

„Und? Zu welchem Schluss bist du gekommen?"

„Dass ich einiges ändern und nicht so weiterleben möchte wie bisher."

„Was hat dir zu dieser Erkenntnis verholfen?"

„Ich habe sehr interessante und inspirierende Menschen kennengelernt; mich sehr offen mit ihnen ausgetauscht; und beinahe jeden Tag während des Wanderns Vorträge oder Hörbücher meiner liebsten spirituellen Lehrer gehört: Von Sadhguru, Osho, Eckhart Tolle, Veit Lindau, falls diese Namen dir etwas sagen."

„Oh ja, Eckhart Tolle lese ich ebenfalls gerne. Ebenso Osho." Sie wird zugänglicher, hat von ihrem Angriff auf mich abgelassen und ist sehr interessiert. Ich merke, dass wir auf einer Wellenlänge zu sein scheinen. Deshalb stehe ich aus dem Stuhl auf und biete ihr meine Hand: „Ich heiße übrigens Florian."

„Ich heiße Johanna."

Wir unterhalten uns lange über verschiedene spirituelle Lehrer und deren Bücher. Irgendwann fragt sie mich nach kurzem Nachdenken: „Wer bist du?"

Einen kurzen Moment stutze ich. Sie fügt eilig hinzu: „Also, du hast mir zwar deinen Namen genannt; aber: Wer *bist* du?"

Ich weiß, wie die Frage gemeint ist: ‚Warum trittst du in mein Leben? Wieso gerade jetzt? Was sollst du mir sagen? Was zeigen? Was soll ich durch dich lernen?' Doch darauf kann der Gefragte nie selbst eine Antwort geben – der Fragesteller wird die Antwort irgendwann einfach erfahren. Und so erkläre ich ihr stattdessen nochmals, dass ich aus Andernach komme und den Eifel-Camino nach Trier pilgere, und zufällig – ‚zufällig!' – Wolly begegnete.

„Dass er dir einen so schmutzigen Schuppen anbietet, sieht ihm ähnlich! Also, ich meine: Es ist schön, dass er dir helfen möchte und das unterstütze auch ich, aber es ist mir peinlich, dass auch ich dir nichts anderes als diesen Schuppen anbieten kann. In der Wohnung ist leider kein Platz."

„Ach, keine Sorge, dass passt schon. Hauptsache, ich muss nicht bei der Kälte der kommenden Nacht im Zelt schlafen."

„Ja, das stimmt schon. Aber es tut mir wirklich leid, dass wir dir nicht mehr anbieten können."

„Nein, bitte, ich bin absolut zufrieden mit der Hütte. Das geht voll in Ordnung."

„Na gut. Ich muss nun mal mit dem Hund eine Runde gehen, bevor es dunkel wird."

Wir verabschieden uns freundlich voneinander.

So kann es gehen: Erst betrachtet sie mich als Eindringling und ist auf Kriegsfuß; wenig später tut es ihr leid, dass sie mir keine Schlafmöglichkeit in der Wohnung anbieten kann. Darauf brauche ich erstmal ein neues Oetti!

Umzug

„Der beste Weg herauszufinden,
ob man jemandem vertrauen kann,
ist ihm zu vertrauen."

– Ernest Hemingway –

Der Wind wird nun immer lästiger und kälter. Ich beginne, ein paar Dinge aus der Hütte heraus zu räumen, sodass ich mich später zum Schlafen mit meiner Isomatte auf dem Boden langlegen kann; was allerdings nur funktioniert, wenn meine Beine unter der Sitzbank liegen. Dann nehme ich mir einen Besen und fege den Boden. Dennoch kann ich mich nicht so ganz dazu entschließen, meinen Rucksack auszupacken und es mir gemütlich zu machen. Irgendetwas hält mich zurück.

Nachdem ich mich wieder in die schwächer werdenden Sonnenstrahlen gesetzt habe, stelle ich mir noch immer die Frage, ob ich nicht doch weitergehen soll – das ist der Denker in mir. Gleichzeitig spüre ich, dass es eine unangenehme Situation werden würde, falls ich wieder in den Schneeregen käme und keine trockene Bleibe fände.

Der weiße Seat kommt den Weg hinaufgefahren. Wolly steigt aus und schreitet in seinem bequemen schwankenden Gang heran.

„Na, wie war das Spiel?“, frage ich.

„Ganz gut.“

Er setzt sich zu mir und öffnet eine mitgebrachte Flasche Bier. Wir stoßen an.

„Wie ich hör‘, haste meine Frau kennengelernt“, bemerkt er.

Ich lache: „Oh ja. Zuerst hatte ich Angst, sie würde mir den Kopf abreißen. Doch wir haben uns schnell verstanden.“

„Sie rief mich vorhin an und hat gefragt, wer du bist und woher ich dich kenne. Sie war ‘n bisschen aufgebracht, als sie jemand Fremden in unserem Garten sitzen sah; aber noch mehr darüber, dass ich dir nur das Gartenhäuschen anbieten kann. Das tut ihr sehr leid, denn du bist ihr sympathisch. Scheinst Eindruck gemacht zu haben.“

„Es freut mich, das zu hören. Und ja, wir waren schnell auf einer Wellenlänge, da sie sich ebenfalls für spirituelle Themen interessiert. Darüber haben wir uns lange unterhalten.“

„Ja, sie ist ‘ne wundervolle Frau. Jeden Morgen geht sie hier in den Garten und pflückt frische Kräuter für ihre Shakes. Es tut ihr ehrlich leid, dass wir dir nichts Besseres anbieten können; und mir natürlich auch. Im Haus ist leider kein Platz. Wir pflegen meine Mutter. Sie wohnt bei uns – in dem Haus, in dem ich geboren wurde. Also ich mein‘ das wörtlich: Ich wurde nicht im Krankenhaus geboren, sondern wirklich zu Hause, wie das früher so üblich war.“

„Und ihr schafft es trotz der Arbeit, sie zu pflegen?“

„Ja. Johanna ist mir da ‘ne sehr große Hilfe. Ich arbeite für ‘ne Firma in Luxemburg und hab‘ jeden Tag zwei Stunden Fahrt hin und zwei Stunden zurück. Da bleibt mir nicht mehr viel vom Tag.“

„Wow, ich würde das keinen einzigen Monat aushalten.“

„Es ist auch hart, doch ich verdien‘ gut. Aber naja, du weißt selbst: Was nützt das, wenn man keine Freizeit hat?“

„Schaust du dich nach einer anderen Arbeit um?"

„Ja, ich such' derzeit etwas in der Nähe. Hab' auch bald ein Vorstellungsgespräch. Ich hoffe, das klappt."

„Ich drücke dir die Daumen. Das ist echt viel Lebenszeit, die allein für die Fahrt zur Arbeit drauf geht."

„Absolut!"

Er schweigt – sinniert. Noch immer trägt er nur seine dünne Arbeitskleidung, während ich in all meinen Klamotten friere.

„Ist dir nicht kalt, Wolly?"

Er winkt ab: „Ach, was. Ich bin ganz anderes gewöhnt." Dann erzählt er, wie er winters auf Baustellen im Laderaum des Firmentransporters schlief; oder wie seine Kollegen und er Wasser in der Kaffeemaschine erhitzten, um sich damit zu waschen. „Glaub' mir: Ich hab' schon einiges mitgemacht. Aber eine Sache werd' ich nie vergessen; und die ist mit ein Grund, weshalb ich dich gern' hier übernachten lass': Wir waren auf 'ner Baustelle, vier Kollegen und ich. Es war tief in der Eifel, Winter und bitterkalt. Abends sind wir in 'ne Wirtschaft gefahren, die ich kannte. Ich hatt' schon oft in der Gegend gearbeitet und war deshalb öfter mal dort und kannte daher die Besitzerin der Wirtschaft. Ich fragte sie, ob sie noch Betten für uns frei habe. Es standen zwei Zimmer, mit je zwei Betten zur Verfügung. Ich sagte zu ihr, dass das für die Jungs perfekt sei. Sie fragte daraufhin, was aber mit mir sei, und ich erwiderte, dass ich im Transporter schlafen würd'. Sie war entsetzt, wehrte ab und meinte, das ließe sie nicht zu. Ich versuchte zwar sie zu beruhigen und ihr zu erklären, dass das kein Problem sei, doch sie wollt' nichts davon hören. Daraufhin rief sie ihren Sohn an, klärte 'was ab, und sagte dann zu mir, dass ich in seinem Bett schlafen könnt'; er war zu dieser Zeit bei der Bundeswehr und lebte in der Kaserne. Stell dir das mal vor! Was für ein Vertrauen mir die Frau entgegenbrachte. Überlässt mir das Zimmer ihres Sohnes!"

„Sowas ist wirklich ein einschneidendes Erlebnis."

„Eben! Und deshalb möcht' ich etwas davon zurück und an dich weitergeben. Außerdem bist du mir schwer sympathisch."

„Ich bin dir sehr dankbar für deine Hilfe und Gastfreundschaft, Wolly. Ich hätte nicht gedacht, dass so etwas in Deutschland zu finden ist." Lachend füge ich hinzu: „Wenn ich jetzt noch deine Toilette benutzen darf, bist du mein Held des Tages. Ich will nämlich nur ungern deinen Garten als Klo zweckentfremden, wenn deine Frau hier morgens Kräuter sammelt."

„Klar, kein Problem. Dann schalten wir dir vom Haus auch direkt den Strom für die Hütte an."

Schon benommen von den drei Bier auf recht leeren Magen folge ich Wolly den Weg hinab zu seinem Haus. Es befindet sich direkt an der Straßenecke. Seine Frau Johanna ist im Hauswirtschaftsraum beschäftigt, der sich links im Winkel zur Hauseingangstür befindet. Wolly zeigt mir, wo sich das Badezimmer befindet. Als ich wieder aus dem Haus trete, sitzt er auf einem Stuhl im Hauswirtschaftsraum und spricht mit Johanna.

„Komm, wir trinken noch ein Bier!", sagt Wolly, weist auf einen zweiten Stuhl in dem kleinen Raum und reicht mir eine Flasche. Ich nehme Platz, froh dem kalten Wind entkommen zu sein.

„Erzähl' nochmal genau: Du pilgerst also?", bittet er mich um eine genauere Erläuterung.

So erzähle ich den beiden etwas ausführlicher, dass ich im Vorjahr den Jakobsweg in Spanien gelaufen sei und nun nach

Trier wandere. Auch, dass der Jakobsweg in Spanien für mich ein großes und tiefgehendes Erlebnis war. Die beste Möglichkeit, um mir selbst näher zu kommen und mich besser kennenzulernen. Ich erzähle von meinen Reisen mit dem VW Bus und dass ich seit einem Monat darin lebe; also keine Wohnung mehr habe. Wolly ist sichtlich beeindruckt: „Find‘ ich klasse, dass ein so junger Kerl wie du sein Ding macht“, sagt er ehrlich. „Ich zieh‘ wirklich den Hut davor. Woher nimmste den Mut zu alldem?“

„So etwas kostet mich auch jedes Mal Überwindung, Wolly. Es ist nicht so, dass ich alles einfach mache und dabei keine Angst empfinde. Aber ich habe mich entschlossen – und entschließe jedes Mal auf Neue, wenn die Angst aufkommt –, dass ich Herr und nicht Sklave meiner Ängste sein möchte. Angst zu haben ist normal. Aber ich will über sie hinaus gehen und mich nicht durch sie von der Verwirklichung meiner Träume abhalten lassen.“

„Johanna ist vorhin absichtlich früher vom Gassigehen zurückgekommen, um sich weiter mit dir unterhalten.“

„Richtig“, bestätigt sie. „Als ich aus dem Garten fortgegangen war, habe ich mich sofort gefragt, was du mir sagen sollst; warum du gerade jetzt in mein Leben trittst. Verstehst du, was ich meine?“

„Ich verstehe“, erwidere ich.

„Mich beeindruckt deine Erzählung vom Jakobsweg und ich denke schon länger ebenfalls über eine solche Erfahrung nach, glaube aber, das Pilgern ist nichts für mich. Vorhin ist mir sofort nach unserem Gespräch wieder eine Idee in den Sinn gekommen, die ich schon seit langem verwerfe und vor mir herschiebe: Ich würde gerne einmal für einige Wochen ins Kloster gehen.“

„WAS willst du???“, Wolly ist entrüstet. „Ins Kloster?“

Ich muss ein wenig über seine Reaktion schmunzeln.

„Ja, ins Kloster", bestätigt sie vehement. „Aber nicht als Nonne, sondern einfach dort für ein paar Tage oder Wochen in einer Mönchs- oder Nonnenzelle leben, mit den anderen zum Gebet und zum Essen gehen, bei den Täglichen Aufgaben helfen, Ruhe finden, nachdenken, meditieren."

„Und was ist mit *mir*?", fragt Wolly mit aufgerissenen Augen. Er scheint tatsächlich ein wenig Angst vor diesem Gedanken zu haben; ich sehe es ihm an. „Dann bist du ja weg und ich sehe dich nicht."

„Es wäre doch nur für ein paar Tage", beruhigt sie ihn.

„Also", mische ich mich ein, „ich halte sehr viel von dieser Idee. Ich finde das gut; habe selbst schon darüber nachgedacht. Das ist eine perfekte Möglichkeit, um in sich zu gehen und zur Ruhe zu kommen; sehr meditativ."

„Ja, aber andererseits habe ich ein wenig Angst vor diesen mittelalterlichen Klöstern. Ich spüre eine innere Abwehr in mir, wenn ich an solchen Orten bin, und eine gewisse Furcht; so als wäre mir in einem früheren Leben in einem Kloster oder einer Kirche etwas Schreckliches widerfahren."

„Ich verstehe. Gut möglich. Und den Jakobsweg zu gehen würde dich nicht reizen?"

„Die Idee im Grunde schon, aber ich glaube nicht, dass ich eine so enorme Strecke laufen kann. Und der Hund ist total auf mich fixiert; ich kann und möchte ihn nicht für eine so lange Zeit zurücklassen, aber mit ihm wird es sicher schwierig Unterkünfte zu finden."

Ich erzähle ausführlich, wie das Pilgern auf dem Jakobsweg vor sich geht; wie viel Gepäck man braucht, wie viele Kilometer es im Gesamten und durchschnittlich am Tag sind. Und dass man mit etwas Planung auch Unterkünfte findet, in denen Hunde erlaubt sind. Sie hört interessiert zu und holt einen Schreibblock aus dem Haus, um sich Notizen zu machen. Wir drei unterhalten uns lange, während Wolly und ich noch das ein oder andere Bier trinken.

„Hör mal", sagt er mitten im Satz zu mir. „Ich habe mir gerade überlegt: Du kannst auch hier im Hauswirtschaftsraum schlafen. Hier ist es auf jeden Fall wärmer als oben in der Hütte. Und heute Nacht sind null Grad gemeldet."

Johanna ist derselben Meinung, weshalb ich das Angebot dankend annehme. Wolly verschwindet bald unter die Dusche, da er sich noch mit einem Freund auf ein paar Partien Schach treffen möchte – was mich sehr beeindruckt; denn wann hört man in der heutigen Zeit, dass zwei Freunde sich auf eine Partie Schach treffen!? Wie oft ich in den vergangenen zehn Jahren Schach gespielt habe, kann ich leider an einer Hand abzählen; denn nie hat irgendwer Lust oder Zeit dafür.

Dieser Gedanke stimmt mich stets melancholisch: Ich sehe unsere Gesellschaft immer mehr in die Entfremdung, Isolation und die damit einhergehende Vereinsamung abrutschen, da niemand mehr Zeit hat – beziehungsweise sich Zeit nimmt. Die wenigsten Menschen kennen ihre Nachbarn, weil man weder Zeit noch Interesse für kurze oder längere Gespräche miteinander hat. Niemand ist mehr spontan; jeder folgt seinen festgesetzten Plänen und isoliert sich dadurch selbst mehr und mehr. Jeder hat Stress, jedem mangelt es an Zeit. Und wo kann man am einfachsten Zeit ‚einsparen', wenn man ständig mit Pflichten und To-Do's beschäftigt ist? Richtig: An Freundschaften und sozialen Kontakten – denn diese sind KEINE Pflicht; die MÜSSEN nicht ‚erledigt' werden. So isoliert sich unsere westliche Gesellschaft immer mehr, Freundschaften verlaufen im Sande; und im Alter leidet der Großteil der Bevölkerung unter einem ständigen Gefühl von Einsamkeit, welches wiederum Depressionen und bewiesenermaßen auch körperliche Erkrankungen auslöst. Der Mensch wird allein alt und stirbt einsam; wird erst nach Wochen in seiner Wohnung gefunden. Und alles nur, weil sich niemand Zeit für soziale Kontakte nimmt.

Während Wolly duscht, gehe ich in den Garten, um meinen Rucksack aus der Hütte zu nehmen. Zurück am Haus, hat Johanna in der Mitte des Hauswirtschaftsraumes Platz für mich geschaffen. Es ist bereits später Abend. Wolly verabschiedet sich für heute von mir und lädt mich ein, am nächsten Morgen gemeinsam mit ihm und Johanna zu frühstücken. Als er zu seinem Freund fährt, wünsche ich auch Johanna eine gute Nacht, die sich in die Wärme ihres Wohnzimmers zurückzieht. Ich bereite mir auf dem Boden des Hauswirtschaftsraumes mein Bett und erhitze – im Schneidersitz auf der Isomatte sitzend – die Dose Erbseneintopf auf dem Gaskocher. Dabei strahle ich bis über beide Ohren, glücklich darüber, zwei so liebe und hilfsbereite Menschen getroffen zu haben. Und das schlicht nur dadurch, dass ich gefragt habe.

Der Eintopf ist ein Festmahl für mich, und seit ich die Tür geschlossen habe, wird es auch wärmer im Raum. Nach der Mahlzeit lege ich mich sehr zufrieden in den Schlafsack und gleite sofort ins Reich alkoholisierter Träume.

Fünfter Tag

05. Mai 2019

Von Lutzerath nach Bausendorf

18 Kilometer

Erkenntnis des Tages:

„Der Weg gibt Dir nicht das,
was Du willst,
sondern das, was Du brauchst."

– Jakobsweg-Weisheit, Verfasser unbekannt –

Heimlicher Aufbruch

„Es kommt niemals ein Pilger nach Hause,
ohne ein Vorurteil weniger
und eine neue Idee mehr zu haben."

– Thomas Morus –

Ich erwache leicht verkatert. Ein Blick auf die Uhr verrät, es ist erst etwa sechs in der Früh. Zwar versuche ich nochmals einzuschlafen, doch hätte ich eine Toilette nötig. So kann ich deshalb keinen Schlaf mehr finden. Leise öffne ich die Tür. Draußen ist es sehr kalt, sodass sogar mein Atem dampft. Ich beobachte Wollys gläserne Haustür und lausche einen Moment, doch nichts scheint sich im Haus zu regen. Ob ich klingeln soll? Lieber nicht. Das wäre mir sehr unangenehm, möchte ich den beiden doch höchst ungerne noch weiter zur Last fallen. Erst einmal kleide ich mich an; ich friere. Ein innerer Impuls überkommt mich, gar nicht zu warten, bis Wolly und Johanna wach werden, sondern schon gleich aufzubrechen. Doch da meldet sich mein Denker wieder: Du kannst doch nicht einfach gehen, ohne dich zu verabschieden! Das ist unhöflich. Außerdem hast du zugestimmt, gemeinsam mit den beiden zu frühstücken.

Aber um ehrlich zu sein: Ich bin etwas verkatert und dadurch eigentlich gar nicht so wild auf Gesellschaft und Gespräche am Morgen. Zumal ich *der* leibhaftige Morgenmuffel bin. Eine innere Stimme sagt mir: Geh! Warte nicht!

Schwierige Entscheidung. Wie Dir seit Beginn meiner Erzählung klar geworden sein sollte: Entscheidungen zu treffen fällt mir nicht sonderlich leicht. Vor allem nicht solche, bei denen ich zwischen Intuition und Gewissen entscheiden muss. Was also machen? Ich lasse einfach das Schicksal entscheiden und sage mir: Wenn Wolly nach mir sieht und mich hereinbittet, während ich noch meine Sachen zusammenpacke und beim Bäcker Brötchen hole, frühstücke ich gemeinsam mit ihnen. Sieht in der Zeit niemand nach mir, werte ich das als Zeichen für mich, aufzubrechen. So mache ich es. Nachdem ich den Rucksack fertig gepackt habe, gehe ich hinüber zur Bäckerei im Edeka, kaufe acht gemischte Brötchen und gehe zurück zu Wollys Haus. Noch immer scheint niemand wach zu sein. Ich habe ein schlechtes Gewissen, einfach so sang- und klanglos fortzugehen. ‚Zufälligerweise' haben wir gestern den Notizblock und Stift – auf dem Johanna sich einige Dinge notiert hatte – im Hauswirtschaftsraum liegen lassen. Darauf schreibe ich einige Dankesworte, erkläre ihnen, warum ich gehe, ohne auf sie zu warten, und füge hinzu, dass ich sie in den nächsten Wochen oder Monaten erneut besuchen werde; und ich dann in Bezug auf Johannas Idee vom Kloster und sowohl ihrer als auch Wollys angestrebter beruflicher Veränderung Ergebnisse sehen möchte – letztere Aufforderung versehe ich mit einem augenzwinkernden Smiley.

Diese Nachricht, sowie die Brötchentüte platziere ich neben der Haustüre, schultere den Rucksack, schnappe meinen Pilgerstab und mache mich sodann auf den Weg.

Auf der Hauptstraße von Lutzerath ist noch nichts los. Kaufe ich noch etwas für mich in der Bäckerei? Nein, ich habe noch Müsli und Joghurt. Außerdem möchte ich versuchen, irgendwo einzukehren, um dort die Toilette benutzen zu können.

Von der Ortsmitte steigt der Weg stark bergan. Ich blicke in die Tankstelle hinein in der Hoffnung, sie sei geöffnet und habe eine Toilette; doch sie ist verschlossen. Auch die Bäckerei mit Café am kleinen Gewerbegebiet ist an diesem Sonntag nicht geöffnet.

Ein asphaltierter Weg führt mich entlang der L103 in Richtung Kennfus. Zwar weht ein kalter Wind, doch kommt die Sonne ein wenig durch, als ich einen kleinen Rastplatz neben der Hundeschule erreiche. Hier steht ein Wohnmobil, in dem Geschirr und Besteck klappern und gefrühstückt zu werden scheint. Daneben befinden sich ein Tisch samt Bänken aus Holz, an dem ich den Rucksack absetze, Teewasser aufkoche und Müsli zubereite. Während ich esse, stelle ich mich an eine windstille Stelle in die wärmenden Sonnenstrahlen. Ich fühle mich richtig gut hier draußen und genieße es, in der Natur und unter freiem Himmel, vor allem aber ‚on the road' zu sein. Nach dem Frühstück fühlt mein Magen sich dann glücklicherweise weniger verkatert an.

Auf dem Smartphone sehe ich die Sprachnachricht einer Freundin. Ich höre die Nachricht ab: Sie hatte bei Instagram meine Posts über den Eifel-Camino gesehen und fragt nun, ob und wo ich wieder unterwegs sei. Darauf antworte ich in einer langen Sprachnachricht, erzähle vom Vorabend sowie der Nacht bei Wolly und Johanna; aber auch von den Begegnungen mit Rolf, Erika und Dominic; davon, dass ich unfassbar überrascht und sehr berührt bin, so viel Gastfreundschaft in einem eigentlich so ‚kühlen' Land wie Deutschland zu erfahren. Plötzlich verändert sich meine Stimme und mir kommen Tränen.

Kurz muss ich innehalten, bevor ich weitersprechen kann, so nahe gehen mir die Erlebnisse und Fügungen der vergangenen Tage. Während meiner nächsten Sätze kann ich kaum unterdrücken, vor Freude, Dankbarkeit und Glück in Tränen auszubrechen; so berührt bin ich.

Bald habe ich mich wieder beruhigt, schniefe nur noch ein wenig und erzähle meiner Freundin von all den bisherigen erfreulichen Erlebnissen. Nach Beendigung der Sprachnachricht atme ich einige Male tief durch, bedecke mein Gesicht mit den Händen und spreche mehrfach leise ‚Danke'. Wow, was für ein Gefühl. Ich fühle mich so frei, geliebt und unaufhaltbar; und freue mich auf das, was noch vor mir liegt. Also los!

Schnell spüle ich die Reste meines Frühstücks aus dem Kochtopf, packe alles zusammen und folge weiter dem asphaltierten Fußweg parallel der L103, vorbei an Feldern bis zu einem weiteren windgeschützten und diesmal einsamen Platz hinter einer Reihe von Bäumen. Hier setze ich mich auf den Rucksack und erzähle in einem Tagebuch-Video von den Erlebnissen des vergangenen Tages; über eine halbe Stunde lang. Ich könnte noch länger erzählen und meine Gedanken und Gefühle in Worte fassen, doch ich friere. Meine Finger sind eiskalt, die Kälte dringt bereits durch Jacke, Hemd und T-Shirt an meine Haut. Ich will weiter; mich warmlaufen.

Kennfus

„Ein Stück des Weges liegt hinter Dir,
ein anderes Stück hast du noch vor Dir.
Wenn Du verweilst, dann nur,
um Dich zu stärken, aber nicht um aufzugeben."

– Aurelius Augustinus –

Bald erreiche ich das Dorf Kennfus. Es ist sehr still. Kein Auto fährt, kein Mensch ist zu sehen. Der Camino führt quer durch den Ort und an der Kirche vorbei. Ich versuche die Tür des Gotteshauses zu öffnen; doch sonntags scheinen hier sogar die Kirchen geschlossen zu haben. Schade, habe ich doch eine kleine Sammelleidenschaft für die Pilger-Stempel entwickelt. Den Rucksack stelle ich vor der Tür ab, um mir zumindest den Friedhof hinter der Kirche anzuschauen.

Die Beschilderung des Jakobsweges führt die Moselblickstraße hinunter, in welcher ich zum Gasthaus ‚Zur Falkenlay' komme – endlich meine Chance auf eine Toilette. Ich betrete die Gaststube mit einem „Guten Morgen", doch niemand ist anwesend. Etwas ratlos bleibe ich stehen, vernehme aber aus einer geschlossenen Seitentür das Klappern von Geschirr. Ich wünsche diesmal ein wenig lauter „Guten Morgen". Das Geklapper verstummt und die Tür wird geöffnet. Ein Herr in legerer Kleidung steht im Türrahmen: „Guten Morgen, junger Mann."

„Haben Sie geöffnet?"

„Sonst wäre die Tür nicht offen", erwidert er augenzwinkernd mit einem verschmitzten Grinsen. „Wir kommen gleich. Nehmen Sie bitte schon Platz."

Ich setze mich auf einen Hocker an die Theke. Bald erscheint eine freundliche Dame: „Guten Morgen, junger Mann. Was darf ich Ihnen bringen?"

„Ich hätte gerne einen schwarzen Tee, bitte. Sagen Sie: Wissen Sie, ob die Kirche heute geschlossen bleibt?"

Sie schaut auf die Wanduhr – es ist viertel nach zehn: „Eigentlich wird sie um zehn geöffnet. Wollen Sie hinein?"

„Ja. Ich bin Pilger auf dem Eifel-Camino und wollte in der Kirche einen Stempel in meinen Pilgerpass machen."

„Dann rufe ich gleich den Ortvorsteher an; der weiß, wer heute die Tür aufschließen soll und kann dort nachfragen. Das erledigt nämlich immer ein Ehrenamtlicher und ist deshalb nie auf die Minute genau. Vielleicht hat er sich etwas verspätet."

„Ach nein, bloß keine Umstände bitte."

„Das ist kein Problem. Sie sind also auf dem Jakobsweg unterwegs?"

„Richtig. Ich bin in Andernach gestartet und gehe nach Trier."

„Und das mit einem so großen Rucksack? Der ist doch sicher schwer?“

„Ist er. Ich bin mit Zelt unterwegs und allem, was man zum Kochen und Übernachten braucht.“

„Oh, da haben sie aber sicher gefroren in der Nacht.“

„Nein, ich wurde von freundlichen Menschen aufgenommen und durfte bei ihnen übernachten. Beim Wolly aus Lutzerath, falls Sie ihn kennen.“

Die Dame schaut mich erstaunt und belustigt an: „Beim Wolfgang!? Ach was! Natürlich kenn ich ihn. Den kennt man. Der kommt öfter mal auf ein Bier vorbei. Ach, sagen Sie nur ... Wie sind Sie denn an ihn gekommen.“

Ich erzähle der Wirtin die Geschichte, wie ich am Vortag Wolly begegnet war, während ich den schwarzen Tee trinke, den sie soeben serviert, und mich aufwärme. Ihr Mann kommt aus dem Nebenraum in die Gaststube.

„Der junge Mann hat bei Wolfgang in Lutzerath übernachtet“, berichtet die Dame ihm amüsiert. Dann an mich gewandt: „Ich rufe mal den Ortsvorsteher wegen der Kirche an.“

Sie wählt; nach kurzem Warten erklingt ein tiefer Bass aus dem Hörer des Telefons. Während die Gastwirtin das Telefonat führt, suche ich die Toilette auf und nutze die Gelegenheit gleich, um die Kontaktlinsen einzusetzen. Als ich wieder den Gastraum betrete, sitzt ein schmaler, eingefallener Mann am Tresen und trinkt Bier; um nicht mal halb elf in der Früh. Na dann mal Prost!

„Ich habe den Ortsvorsteher erreicht“, erklärt die Wirtin. „Die Kirche wurde eben aufgeschlossen.“

„Perfekt, dann gehe ich gleich mal hin. Kann ich den Rucksack so lange hier stehen lassen?“

„Aber selbstverständlich.“

Im Eingangsbereich der Kirche stempele ich den Pilgerausweis ab. Das Gebäude selbst schaue ich mir nur kurz an, denn ich möchte mich nicht länger aufhalten. Zurück in der Gaststube sitzen zwei weitere Männer an der Theke. Wir grüßen einander.

„Sie sind also der Pilger“, spricht mich einer der beiden in dem tiefen Bass an, der vorhin aus dem Telefon geklungen war.

„Genau. Und Sie der Ortsvorsteher?“, erwidere ich lächelnd. Wir sprechen kurz miteinander. Auch er lässt sich von mir interessiert die Geschichte erzählen, wie ich Wolly kennenlernte. Dann bezahle ich bei der Wirtin den Tee und verabschiede ich mich von allen Anwesenden. Der Ortsvorsteher wünscht mir einen guten Weg und angenehmes Wetter.

Ich verlasse das Gasthaus und trete in den trüben kalten Vormittag. Als ich den Ortsausgang von Kennfus erreiche, setzt leichter Regen ein. Der Eifel-Camino führt in einen Wald hinein und bergabwärts. Bald, als der kurze Regenschauer endet, komme ich an einer kleinen Grillhütte vorüber. Fünf Autos stehen auf dem Vorplatz, und einige verkaterte junge Leute sitzen dick in Klamotten und Decken eingepackt um ein kleines Feuer herum und nippen an Tassen, an denen sie ihre Hände wärmen. In der Hütte stehen große Lautsprecherboxen aufgebaut, unter den Autos lugen Paletten mit Bierdosen hervor. Wenn dies die Falkenlayhütte ist, bin ich froh, gestern doch nicht bis hierher gelaufen zu sein, so wie es eigentlich mein Plan war. Wieder einer dieser ‚Zufälle', dass ich gestern in Lutzerath blieb?

Der Waldweg führt nun steil bergab. Kurz bevor ich die L103 erneut erreiche, setzt ein stärkerer, wenn auch wieder nur kurzer Regenschauer ein. Ich überquere die Straße und lasse Bad Bertrich wortwörtlich links liegen; bei diesem ungemütlichen Wetter habe ich kein Interesse an einem Bummel durch den Kurort. Nun muss ich neben der abzweigenden L104 steil bergauf nach Hontheim steigen. Einen Fußweg gibt es auf der ersten Hälfte der Strecke nicht. Ich wechsle die Regenjacke mit einem Hemd, immer darauf bedacht, so wenig Kleidung zu tragen, um nicht allzu sehr zu schwitzen, jedoch so viel, um mich nicht zu erkälten. Dann setze ich die Kopfhörer in die Ohren und Abmarsch! Der Aufstieg ist ziemlich anstrengend. Schweiß läuft in mein Gesicht und tropft von meiner Nase. Der Rucksack lastet schwer. Bald kann ich in einen hübschen Wanderweg einbiegen, komme aber nur langsam und mit kurzen Schritten voran. Doch umso größer sind Stolz und Freude, als ich oben in Hontheim angelange – und vor einer Pizzeria stehe, aus der es verführerisch duftet. Und das ausgerechnet zur Mittagszeit. ‚Ein Zeichen?', denke ich schmunzelnd. Nun, man soll das Schicksal nicht herausfordern! Oder? Also hinein!

Hontheim

„Kein Weg fällt dem Menschen schwerer zu gehen als den, der ihn zu sich selbst führt."

– Hermann Hesse –

Ich betrete die Pizzeria. Wohlige Wärme empfängt mich sowie ein Duft, der mir sofort das Wasser im Munde zusammenlaufen lässt. Hinter der Theke ist eine Frau beschäftigt. Sie begrüßt mich freundlich.

„Oh, Sie haben es herrlich warm hier drinnen“, sage ich genießerisch.

„Ja, diese Kälte ist furchtbar, nicht wahr?“, erwidert sie mit Akzent.

„Tja, wir sind hier leider nicht in Italien, was?“, frage ich neckend.

„Ich bin Polin“, antwortet sie mit einem Augenzwinkern und wir lachen beide über meine Falschannahme; aber das erlebt man schließlich auch nicht oft: Die polnische Wirtin eines italienischen Ristorantes mitten in der Eifel. An einen Tisch beim Fenster nehme ich Platz, direkt neben der Heizung, die eine wohlige Wärme ausstrahlt – hier kann man bleiben. Die Wirtin bringt die Speisekarte. Ich bestelle eine Pizza mit Thunfisch und Sardellen, dazu einen Lambrusco. Allerdings sind mir meine feuchtgeschwitzten, schmutzigen Wanderklamotten peinlich; wahrscheinlich miefe ich sogar. Glücklicherweise sind keine weiteren Gäste im Raum; ich würde mich sonst doch recht schämen.

Die Wirtin bringt sofort den Lambrusco – eine herrliche Belohnung für die Anstrengung des steilen Aufstieges nach Hontheim. Ein Paar um die Mitte fünfzig betritt die Pizzeria und nimmt am übernächsten Tisch Platz. Wir grüßen einander. Der Mann beäugt erst meinen an der Wand lehnenden Rucksack, dann mich.

Die Wirtin serviert die Pizza. Sie ist köstlich. Ich könnte ein Gedicht über diese Pizza schreiben, aber es würde nie zu beschreiben vermögen, wie köstlich sie wirklich ist. Ich genieße jeden Bissen. Am liebsten würde ich eine zweite essen, nur des Geschmackes wegen. Als ich fertig gegessen habe, lehne ich mich entspannt in meinem Stuhl zurück.

„Hat es Ihnen geschmeckt?“, fragt die Wirtin, als sie abräumt.

Ich kann ihr gar nicht in Worte fassen, wie sehr.

„Wenn man wandert, schmeckt es immer am besten, was?“, beginnt der Mann vom Nebentisch ein Gespräch mit mir.

Ich bejahe. Er möchte von meiner Wanderung wissen, und so erzähle ich gerne davon.

„Ich bin vor ein paar Jahren mal den Jakobsweg in Spanien gestartet“, berichtet er. „Aber ich Depp habe das im August versucht.“

Sofort lache ich wissend.

„Nach dem ersten Tag habe ich schon abgebrochen. Es war viel zu heiß. Seither hatte ich leider nicht mehr die Gelegenheit, doch ich würde ihn gerne einmal komplett gehen."

Ich erzähle ihm, dass ich im Vorjahr den gesamten Camino Francés gelaufen bin.

„Meine Tochter ebenfalls. Ich habe ihr finanziell ein wenig geholfen, weil ich so etwas gerne unterstütze. Sie war klüger und ist im Mai gegangen."

Sofort werde ich aufmerksam: „Ich ebenfalls. Wann genau ist sie gestartet?"

„Mitte Mai."

„Okay, nein, dann kann ich ihr nicht begegnet sein. Das wäre aber ein witziger Zufall gewesen."

Wir unterhalten uns noch ein wenig über den Jakobsweg. Ich versuche den Mann zu motivieren, es tatsächlich noch einmal zu versuchen. In den vergangenen und kommenden Tagen begegnete und begegne ich vielen Menschen, die ebenfalls schon lange davon träumen, den Jakobsweg zu pilgern. Mir kommt der Gedanke, dass ich durch diese Wanderung für einige Menschen endlich der Anreiz sein könnte, sich selbst auf eine Pilgerfahrt zu begeben. Ich stelle mir vor, durch mein Beispiel vielleicht fünf von zehn Menschen dazu zu animieren, endlich ebenfalls den Schritt zu wagen. Die Wirtin hört unserer Unterhaltung interessiert zu und beteiligt sich gelegentlich.

Bald möchte ich die Wanderung fortsetzen und zahle meine Rechnung. Das Paar sowie die Wirtin wünschen mir alles Gute, als ich mich von ihnen verabschiede.

Vorbei an hübschen alten Häusern verlasse ich Hontheim. Der Weg führt über eine Anhöhe entlang der L421, neben Feldern her und immer wieder vorbei an kleinen Kapellchen, die den Bauern in vergangenen Zeiten als Unterschlupf bei schlechtem

Wetter dienten. Der Weg ist angenehm zu gehen, da die Straße kaum befahren wird. Ich fühle mich frei, gut und genau am richtigen Platz; nicht zuletzt wahrscheinlich auch wegen des Heilsteines, welchen Rolf mir schenkte, und den ich seither in der Brusttasche meines Hemdes trage.

Im Ortsteil Wispelt verlasse ich den neben der Straße verlaufenden Weg und besehe mir die alte Kapelle der Siedlung. Sie ist spartanisch und leer, aber hübsch. Nun folge ich einem Feldweg vorbei an einer Viehweide, auf der sich mir eine Herde Kälber nähert. Sie stehen am Zaun und beobachten mich neugierig. Die mutigen unter ihnen wagen sich vor, lassen sich streicheln. Die sanfte Neugier der Kälber entzückt mich, doch da sie ein wenig zu scheu sind, um sich richtig streicheln zu lassen, gehe ich bald weiter. Nun führt der Weg ein Stück durch den Wald langsam bergab. Nach einem Kilometer verlasse ich das Waldstück bereits wieder und habe Weitblick. In der Ferne lassen sich die Moselhöhen auf der anderen Flussseite erkennen. Freude steigt in mir auf: So weit bin ich schon gekommen! Der Weg führt nun weiter bergab vorbei an Feldern und Wiesen.

Für eine Rast setze ich mich auf einen langen Stapel aufgeschichteten Holzes, nehme den Rucksack ab und genieße die Aussicht. Nach einer Viertelstunde treiben mich der kalte Wind und der Wunsch nach einer warmen Dusche weiter. In meinem Pilgerführer sind für den Ort Bausendorf zwei Unterkünfte eingetragen; dort möchte ich gerne mein Glück versuchen. Bei diesen niedrigen Temperaturen habe ich nämlich wirklich keine Lust darauf, im Zelt zu übernachten.

Olkenbach

*„An den Scheidewegen des Lebens
stehen keine Wegweiser."*

– Charlie Chaplin –

Ein asphaltierter Wirtschaftsweg führt steil bergab an Ziegengehegen vorüber in den Ortsteil Olkenbach hinein. An der ersten Straßenkreuzung gehe ich auf ein Gasthaus zu, doch es scheint schon seit Jahren geschlossen. Ich folge der Heinzerather Straße nach rechts und erreiche die kleine Kapelle von Olkenbach. Sie enthält keinen Schmuck, sondern nur einige wenige Kirchenbänke sowie einen Altar; und zu meiner Freude auch einen Pilgerstempel.

Auf einer Brücke überquere ich den Alfbach und folge dem Weg weiter nach Bausendorf hinein.

Bausendorf

„Die beste Bildung findet ein gescheiter Mensch auf Reisen."

– Johann Wolfgang von Goethe –

In Bausendorf folge ich der Trierer Straße nach links, um als Erstes die Kirche des Ortes zu besichtigen. Ich bin froh, in ihr Zuflucht vor dem mittlerweile starken Wind zu finden, welcher trotz der sich mehr und mehr zeigenden Sonne unangenehm kalt ist. Die Kirche ist ruhig und hübsch, doch fehlt mir die innere Ruhe, sie genau zu betrachten, da ich eine Unterkunft finden möchte. Auf der Kirchentreppe sitzend suche ich per Smartphone im Internet nach den im Pilgerführer verzeichneten Unterkünften – denn endlich habe ich im Gegensatz zu den Tagen in der Eifel eine einigermaßen ausreichende Internetverbindung. Doch leider muss ich feststellen, dass es sich bei den Unterkünften um Ferienwohnungen handelt, und was diese pro Nacht kosten, kann ich zwar im Internet nicht herausfinden, mir aber denken. Da ich für eine einzige Nacht wahrscheinlich ohnehin keine Ferienwohnung bekomme, schlage ich mir die Idee gleich aus dem Kopf. Also muss ich eine Alternative finden. Mir kommt die Idee, erst einmal am recht zentral gelegenen Sportplatz nach einer Grillhütte zu schauen.

Am Sportlerheim neben dem Fußballplatz und im nahegelegenen Gemeindehaus herrscht Betrieb. Ich sehe mich um und gehe dann auf eine festlich gekleidete Gruppe Menschen vor dem Sportlerheim zu, um sie nach einer preiswerten Übernachtungsmöglichkeit im Ort zu fragen. Aber niemand weiß Rat. Ein Mann geht nach oben, um unter den Gästen eine Frau zu fragen, die gegebenenfalls eine Unterkunft wissen könnte. Mit den anderen Anwesenden komme ich ein wenig ins Gespräch und frage nach dem Anlass der Feierlichkeit. Im gesamten Ort finden Kommunionen statt. Der Mann kommt wieder heraus und hat keine positive Nachricht für mich. Einer der Männer witzelt, warum ich nicht in meinem Zelt schlafe. Ich erkläre, dass ich eine Dusche nötig hätte und auch die Kälte der Nacht vermeiden wolle. Daraufhin empfehlen sie mir die Campingplätze an der nahegelegenen Mosel, doch kann ich keinen Kilometer mehr laufen. Der Mann weist auf eine Reihe Bäume hinter dem Fußballplatz, dort wo der Bach fließt. Er meint, da würde ich sicherlich für eine Nacht niemanden stören. Begeistert bin ich von der Idee zwar nicht, doch ich erkläre, mir den Platz einmal anzusehen, verabschiede mich dankend und gehe über das Fußballfeld.

Die empfohlene Stelle sieht im Grunde gar nicht schlecht aus. Hier stehen einige hohe Platanen am Bach. Das diesseitige Ufer ist nur vom Sportplatz und einer von hohen Brennnesseln bestandenen Fläche umgeben; das jenseitige von einer Wand aus dichten Bäumen und Büschen bewachsen, sodass ich von den dahinterstehenden Häusern aus nicht gesehen werden würde. Ich lege den Rucksack ins Gras, mich halb darauf und denke nach. Was soll ich nun tun? Der ein oder andere Spaziergänger sieht mich an und erwidert freundlich, wenn auch reserviert meinen Gruß. Was soll ich tun? Der Wind weht unangenehmen in Stößen, sehr nervtötend und ungemütlich kalt. Was soll ich tun? Noch kommt die Sonne immer mal wieder durch die Wolken und wärmt mein Gesicht angenehm, doch es sieht sehr nach Regen aus. Was soll ich tun? Ich bin etwas verzweifelt, finde keine Lösung und klage: „Ich will doch einfach nur ein Bett und eine Dusche!"

So liege ich sicher eine halbe Stunde auf meinem Rucksack, starre in den Himmel, komme jedoch zu keinem Entschluss – was mich wiederum noch mehr frustriert. Meine einzige Idee ist, durch den Ort zu schlendern und einfach zu schauen was passiert. Ich schultere den Rucksack und gehe langsam nochmal den eben gekommenen Weg zurück zur Kirche. In einem Hof basteln drei Jungs an einem Moped. Ob ich sie mal nach einer Unterkunft fragen soll? Aber nein, der Gedanken fühlt sich nicht richtig an. An der Kirche schaue ich mich ein wenig um. Dann fällt mir nichts Besseres ein, als zu einer der Ferienwohnungen im Ort zu gehen und nachzufragen; vielleicht ließe sich ein guter Preis aushandeln. Doch nach einigen hundert Metern kommt mir der Plan sinnlos vor; auch er fühlt sich nicht gut an. Ich bin gefrustet. Also wieder zurück in die Ortsmitte. Auf einer Bank sitzend überprüfe ich, welche Unterkünfte sich im Internet finden lassen. Im Moselort Ürzig ist ein Hotelzimmer für zwanzig Euro pro Nacht verfügbar. Klingt verlockend. Aber die fünf Kilometer bis dorthin *laufen*? Oh Mann; doch nicht so verlockend.

Aber stopp! *Auto*stopp! Trampen ist doch genau mein Ding. Okay, Entschluss gefasst: Ich fahre per Anhalter nach Ürzig und gönne mir ein Einzelzimmer. Gemacht! Zum vierten Mal für heute gehe ich über die Trierer Straße, um zur L56 zu gelangen. Dort möchte ich mich aufstellen und den Daumen raushalten.

Klaus

„Die wichtigsten Begegnungen sind von den Seelen abgemacht, noch bevor die Körper sich sehen."

– Paolo Coelho –

Aber das Leben hat einen weitaus besseren Plan für mich. Nach nur wenigen Metern stoße ich in meinem euphorischen Schritt beinahe mit einem Herrn zusammen, als dieser gerade mit seinem Hund die Straße überqueren möchte.

„Oh, bitte verzeihen Sie", entschuldige ich mich. „Jetzt hätte ich Sie doch fast über den Haufen gerannt."

„Nichts passiert", beruhigt er mich lächelnd und besieht mich. „Sind Sie Pilger?"

„Bin ich. Sagen Sie: Wissen Sie vielleicht eine preiswerte Unterkunft hier im Ort?"

„Hier gibt es keine Unterkünfte. Also, es gibt zwei oder drei Ferienwohnungen, aber sonst nichts. In Wittlich haben Sie mehr Chancen."

„Ja, aber bis dort schaffe ich es heute nicht mehr."

„Och, ich fahre Sie gerne hin, junger Mann", bietet er mir freundlich an.

Ich bin überrascht und dankbar: „Oh, das ist sehr wirklich freundlich von Ihnen. Aber das wäre gemogelt, weil mich das weiter Richtung Trier bringt und ich morgen nicht wieder hierher zurück nach Bausendorf kommen könnte, um meinen Weg von hier fortzusetzen.“

„Ah, ich verstehe.“

„Ich hatte nun den spontanen Plan gefasst, per Autostopp nach Ürzig zu fahren. Dort habe ich über das Internet ein preiswertes Hotelzimmer gefunden.“

„Also, ich fahre Sie auch gerne dorthin; ob nun nach Wittlich oder Ürzig macht für mich keinen Unterschied.“

„Oh, das wiederum ist ein wirklich hilfreiches Angebot von Ihnen. Aber ich möchte Ihnen keine Umstände machen.“

„Ach was, Umstände... Pilger unterstütze ich gerne, wo ich doch jedes Jahr für die Wallfahrt der Sankt-Matthias-Bruderschaft Mayen alles im Gemeindehaus organisiere. Da fällt mir übrigens ein, dass ich heute noch mit dem Vorsitzenden telefonieren muss.“

„Mit Heinz Schäfer?“

„Genau. Kennen Sie ihn?“

Ich muss lachen und erzähle dem Herrn von meiner Begegnung mit Herrn Schäfer: „Wenn Sie ihn anrufen, richten Sie ihm bitte schöne Grüße von dem Pilger aus Andernach aus. Mein Name ist übrigens Florian.“ Ich reiche ihm die Hand.

„Freut mich, Florian. Ich heiße Klaus. Tut mir leid, dass es hier im Ort keine Unterkünfte für Pilger gibt. Ich muss auch diesbezüglich noch einmal mit Heinz sprechen, damit wir vielleicht doch bald eine Notunterkunft zustande bringen. Also, wenn du willst, fahre ich dich gleich nach Ürzig. Ich muss nur eben mit dem Hund gehen; der wird schon nervös.“

„Gerne. Ich begleite dich, wenn das in Ordnung ist.“

„Aber natürlich, sehr gerne."

Klaus erzählt mir von den Wallfahrten der Sankt-Matthias-Bruderschaft Mayen und dass er als langjähriges Mitglied im Pfarrgemeinderat für sie alljährlich das Bürgerhaus für die gemeinsame Mahlzeit vorbereitet.

„Lass uns zurückgehen", sagt Klaus bald. „Ich hatte vor einigen Tagen einen Hexenschuss und der beißende Wind tut mir gerade gar nicht gut." Er denkt nach: „Also – ich muss das zwar erst mit meiner Frau besprechen –, wir haben ein Gästezimmer, in dem du übernachten könntest. Aber wie gesagt: Ich muss das erst mit meiner Frau besprechen. Ich will das nicht über ihren Kopf hinweg entscheiden."

„Oh, das wäre großartig. Aber bitte mach dir keine Umstände."

„Nee, Umstände sind das nicht. Wir müssen nur etwas warten, bis Kerstin nach Hause kommt. Sie hilft noch auf einer Kommunion. Lass uns im Wohnzimmer bei einem Bier warten."

Ich folge Klaus zu einem hübschen Haus in einer ruhigen Straße. Rucksack und Stiefel lasse ich im Treppenhaus. Wir steigen die Treppe hinauf. Das Wohnzimmer ist herrlich geheizt; welche Wohltat. Mein Gastgeber bietet mir den Sessel an. Er selber nimmt im Sessel Platz, nachdem er zwei kalte Bier gebracht hat. Es ist sehr gemütlich. Wir unterhalten uns lange, als würden wir uns schon ewig kennen. Ich erzähle von meinem, Klaus von seinem Leben. Er ist ein sympathischer, offener Mensch, der wirkt, als sei er sehr zufrieden mit seinem Leben.

Irgendwann wird der Hund hellhörig: Frauchen kommt nach Hause.

„Ah, da kommt Kerstin“, sagt Klaus. „Ich bin gespannt, wie sie reagiert“, fügt er schmunzelnd hinzu.

Eine großgewachsene Frau öffnet die Türe von der Küche ins Wohnzimmer und bleibt im Rahmen stehen.

„Habe ich mir doch gedacht, dass wir Besuch haben“, stellt sie freundlich fest. „Mein Klaus könnte nach seinem Hexenschuss einen so schweren Rucksack wohl kaum tragen.“

Ich erhebe mich aus dem Sessel, reiche ihr die Hand und stelle mich vor.

„Ich habe den jungen Mann auf der Straße getroffen“, erklärt Klaus seiner Frau. „Er ist Pilger und unterwegs nach Trier. Da er keine Unterkunft gefunden hat, habe ich ihm angeboten – sofern es dir recht ist –, dass er im Gästezimmer schlafen kann.“

„Natürlich ist es mir recht. Aber hätte ich das vorher gewusst, hätte ich etwas mehr zu Essen von der Kommunionfeier mitgebracht.“ Sie winkt mit einem in Alufolie gewickelten Teller. „So müsst ihr teilen.“

„Das machen wir“, sagt Klaus. „Dazu gibt es Brot und was wir sonst noch im Haus haben.“ Und an mich gewandt: „Aber nun will ich dir erstmal dein Zimmer zeigen und parat machen.“

Ich folge Klaus und Kerstin ins Erdgeschoss. Sie öffnen eine Tür gleich neben dem Hauseingang und zeigen mir das ehemalige Zimmer ihres Sohnes, in dem nun Gäste auf einem Schlafsofa übernachten können. Kerstin bezieht das Sofa mit einem Laken und gibt mir ein Kissen. Eine Decke lehne ich ab; um ihnen nicht noch mehr Arbeit zu machen, werde ich meinen Schlafsack benutzen. Dann zeigt Klaus mir das Badezimmer und die Dusche, auf die ich mich schon am meisten freue.

„Oh wow, endlich werde ich den Mief los. Ich hatte in den letzten fünf Tagen nur zweimal kurz die Gelegenheit, mich mit kaltem Wasser zu waschen."

„Wenn du möchtest, kann ich gleich deine Klamotten waschen", bietet Kerstin an. „Wenn ich sie danach in den Heizungsraum hänge, sind sie morgen früh trocken."

Ich bin überwältigt. „Oh, Kerstin, wenn du das tun würdest ... Frische Kleidung wäre hervorragend. Vielen Dank."

„Schmeiß' sie gleich einfach vor die Badezimmertür."

„Ist in dem Heizungsraum auch Platz genug, um mein Zelt dort zum Trocknen aufzuhängen? Ich habe Angst, dass es im Packsack Schimmelflecken bekommt, weil es noch nass ist."

Klaus hilft mir, das Zelt über den Wäscheständer zu hängen. Dann lassen die beiden mich allein. Ich dusche ausgiebig. Das warme Wasser tut unfassbar gut. Man weiß diese im Alltag so selbstverständlichen Dinge erst wieder als Luxus zu schätzen, wenn man sie eine Zeit lang entbehren musste. Auch das liebe ich sowohl am Reisen als auch am Pilgern.

Nach Rasur und Dusche fühle ich mich wieder wie ein Mensch und gehe hinauf ins Obergeschoss. Klaus deckt soeben den Küchentisch und bittet mich, Platz zu nehmen.

„Ich habe übrigens vorhin mit Herrn Schäfer telefoniert, während du duschen warst", berichtet er. „Heinz erinnert sich an dich und lässt dich grüßen. Ich habe ihm auch deine Grüße ausgerichtet."

Es freut mich, dass Heinz Schäfer sich an mich erinnerte. Klaus und ich essen gemeinsam zu Abend, während Kerstin sich nach ihrem anstrengenden Tag ein wenig Ruhe auf der Couch gönnt. Zur Auswahl stehen Brot mit verschiedenem Aufschnitt, Gemüse, und ein weiteres Bier. Wir unterhalten uns angeregt; über das Pilgern, Klaus' Lebensgeschichte und meine Zukunftspläne.

Nach dem Abendessen fühle ich mich sehr schläfrig. Immerhin ist es bereits einundzwanzig Uhr. Klaus hat Verständnis für meine Erschöpfung. Nachdem wir eine Uhrzeit für das gemeinsame Frühstück verabredet haben, wünsche ich ihm und seiner Frau eine gute Nacht und gehe hinunter ... in mein eigenes Schlafzimmer. Welch ein Luxus! Die Schlafcouch ist bequem, der Raum angenehm warm. Ich falle sofort in tiefen Schlaf.

Trier
Santiago
Andernach

Sechster Tag

06. Mai 2019

Von Bausendorf nach Klausen

18 Kilometer

Erkenntnis des Tages:

Wünsche werden wahr,
wenn Du mit dem Leben im Einklang bist.

Ein Stück gemeinsam

„Geh nicht immer auf dem vorgezeichneten Weg,
der nur dahin führt,
wo andere bereits gegangen sind."

– Alexander Graham Bell

Ich erwache früh – lange vor der verabredeten Frühstückszeit. Deshalb bleibe ich noch im Bett liegen und lasse den gestrigen Tag in Gedanken revuepassieren. Da soll nochmal jemand sagen, Wünsche gingen nicht in Erfüllung! Keine zwei Stunden nachdem ich gestern den Wunsch nach einem Bett und einer warmen Dusche geäußert hatte, erfüllte er sich. Verstehst Du nun, warum es mir schwerfällt, dabei an Zufälle zu glauben?

Bald verlasse ich das gemütliche Bett dann doch, ziehe die frisch gewaschene Kleidung an und öffne die Fenster des Gästezimmers. Draußen ist es sehr kalt. Dann putze ich meine Zähne und packe den Rucksack. Zur verabredeten Zeit begebe ich mich in die Küche, wo Klaus und Kerstin gerade das Frühstück bereiten.

„Guten Morgen", begrüßen sie mich guter Laune. „Wie hast du geschlafen?"

„So gut wie lange nicht. Ein eigenes Zimmer mit Bett ist etwas Herrliches", schwärme ich begeistert.

„Ich hoffe, du bist hungrig“, sagt Klaus.

„So hungrig wie nur ein Pilger es sein kann.“

Das Paar hat verschiedene Sorten Brötchen, Aufschnitt, Aufstrich, Marmelade aufgetischt, sowie den von ihrer gemeinsamen Tochter selbstgeimkerten Honig und vieles mehr. Wir frühstücken lange und ausgiebig, bis nichts mehr in mich hineinpasst. Kerstin bittet mich, die restlichen Brötchen zu belegen und als Proviant mitzunehmen. Da sage ich nicht Nein.

„Bis wohin willst du heute marschieren?“, möchte Klaus wissen.

„Ich gehe nach Klausen. Dort gibt es eine Pilgerherberge. Ich hoffe, dort andere Pilger und Wanderer zu treffen, um neue Bekanntschaften zu machen. Vielleicht begegne ich dort auch dem Pilger, dessentwegen ich mich letztendlich trotz aller Zweifel doch *für* meine Wanderung auf dem Eifel-Camino entschieden habe“, woraufhin ich Kerstin und Klaus die Geschichte vom ersten Tag erzähle.

Die beiden beraten mich mit verschiedenen möglichen Wegvarianten, denn da es für mich ein Umweg ist, über Wittlich zu gehen, werde ich eine direktere und damit nicht ausgeschilderte Route wählen. Klaus versucht mir den Weg zu erklären, doch es erweist sich als schwer, diesen auch in der Offline-Karte auf meinem Smartphone zu finden: „Also, ich werde gleich ohnehin eine große Runde mit dem Hund gehen. Wenn es dir nichts ausmachen, begleite ich dich ein Stück und zeige dir den Weg.“

„Sehr gerne, Klaus. Dann kannst du auch ein wenig Pilger-Luft schnuppern.“

„So, Männer“, sagt Kerstin und erhebt sich, „ich verabschiede mich, da ich zur Arbeit muss. Florian, ich wünsche dir eine weiterhin gute Wanderung und lass von dir hören! Du kannst uns sehr gerne mal besuchen kommen.“

„Das mache ich gerne. Vielen Dank, Kerstin, für deine Mühe und Gastfreundschaft. Ich hoffe, wir sehen uns bald wieder."

Wir umarmen uns fest zum Abschied. Nachdem ich Klaus beim Abräumen des Tisches geholfen habe, machen auch wir uns fertig und marschieren los.

Die Morgenluft ist kühl, doch die sich gelegentlich zeigende Sonne hat Kraft. Wir gehen am Sportplatz vorüber und biegen nach rechts in Richtung Olkenbach ab. Dann folgen wir einem Wirtschaftsweg vorbei an Weiden, der bald ein Stück der B49 folgt, bevor er wieder über Felder und Viehweiden verläuft. Klaus erzählt von seiner Tätigkeit in der Personalabteilung des Wittlicher Krankenhauses, der er lange nachging, bevor er sich vor wenigen Jahren in den Ruhestand versetzen ließ. Ich traue ihm zu, ein sehr diplomatischer Vorgesetzter mit einer ausgezeichneten Menschenkenntnis gewesen zu sein.

Er begleitet mich ein langes Stück. Sein Hund läuft mir ständig vor den Füßen herum und bleibt oft abrupt stehen. Egal ob ich zu Klaus' linker oder rechter Seite gehe; der Hund tut es mir gleich. Bald überqueren wir die B49, steigen ein Stück hügelan und durchqueren den Saum eines Wäldchens. Dahinter verläuft ein gerader Feldweg über eine weite Strecke hügelabwärts dem Ort Wengerohr zu.

„Mein Freund", sagt Klaus und bleibt stehen, „hier verabschiede ich mich. Folge nur einfach dem Weg nach Wengerohr und danach weiter nach Altrich. Ich wünsche dir noch ein paar ereignisreiche Tage und weiterhin viele schöne Erlebnisse. Komm uns bald wieder besuchen! Du bist jederzeit willkommen."

„Vielen Dank, lieber Klaus. Es war wirklich ein Glück, Kerstin und dich kennenzulernen. Vielen Dank für euer Vertrauen und eure Gastfreundschaft. Ich habe mich sehr wohl gefühlt und komme natürlich gerne bald wieder zu Besuch.“

Wir verabschieden uns mit einer herzlichen Umarmung. Dann trabe ich los, mit Vorfreude auf den weiteren Weg, voller Dankbarkeit, dass das Universum mich mit so wundervollen und hilfsbereiten Menschen unterstützt, und voller Spannung auf die Pilgerherberge in Klausen.

Die Landschaft ist schön, das Wetter perfekt, wenn auch noch immer recht kalt. Nach Überquerung der L55 halte ich auf einer Bank nahe der Maringer Wies eine Rast, um die Erlebnisse des vergangenen Tages in einem Tagebuch-Video festzuhalten. Die Bank steht unter einem Baum im hohen Gras, umgeben vom würzigen Duft der Gräser und Kräuter. Im Baum über mir huscht ein Vogel von Ast zu Ast.

Abseits des Camino

„Der schwierigste Weg,
den ein Mensch zurücklegen kann,
ist der zwischen Vorsatz und Ausführung."

– Bertrand Russell –

Bei Wengerohr laufe ich am Rande des Industriegebietes entlang und vorbei an der großen Fabrik von Dr. Oetker. Lastwagen rauschen laut an mir vorüber, überall sind Autos und Lärm. Die unnatürliche, künstliche Kulisse stresst mich sofort. Ich will nur schnell fort von hier. Daher entscheide ich mich für einen Feldweg, welcher erst in den südlich der Bahnlinie liegenden Teil von Wengerohr, dann der Bahntrasse folgend über die L53 bis zu einer Kläranlage führt. Hier biege ich nach rechts ab und überquere eine hölzerne Brücke über den Bach Lieser. Am anderen Ufer gibt es einen hübsch gestalteten Rastplatz, an dem ich die übrigen belegten Brötchen esse und mich auf eine Bank lege, um ein wenig zu dösen.

Nach einer erholsamen Rast geht es unter der Bahnbrücke hindurch und, einem Wirtschaftsweg folgend, über die Felder leicht bergauf nach Altrich hinein. Dann entlang des Ortsrandes zum Sportplatz, wo ich die L52 überschreite.

Dort steigt ein Wirtschaftsweg bergauf, vorbei an einem großen landwirtschaftlichen Betrieb, hinter welchem ich über eine Brücke die B50 quere. Der Weg führt weiter an zwei Bauernhöfen und Feldern vorüber, bis zu einer Eisenbahnschranke. An einem Mast ist ein Telefon angebracht, welches nach Abheben des Hörers eine direkte Verbindung zum Bahnwärter aufbaut, welcher aus der Ferne die Schranke öffnen kann. Da die Gleise in beide Richtungen gut zu überblicken sind, überquere ich sie kurzerhand bei geschlossener Schranke. Nun biege ich in einen Forst, durch den ein langer gerader Weg parallel zur L52 verläuft, welche ich später nach einer Richtungsänderung nach links überquere. Laut meiner Offline-Karte sollte sich hier nun ein Feldweg befinden, der geradewegs nach Klausen führt; doch scheint er nicht mehr zu existieren. Deshalb versuche ich erst, im Wald direkt neben der Straße weiterzulaufen, doch aufgrund von Unebenheiten und dichtem Unterholz ist es zu mühsam. Darum klettere ich die Böschung hinunter und laufe auf der Straße weiter. Sie ist glücklicherweise wenig befahren und auf der langen, bergaufführenden Strecke können mich herannahende Autofahrer früh erkennen. Dennoch fühle ich mich jedes Mal unwohl, wenn ein Fahrzeug in hoher Geschwindigkeit an mir vorüberfährt. Zum Glück erreiche ich bald einen von der Straße fortführenden Feldweg. An dessen Beginn hängen an einem Baum alte, durch die Witterung zerfallene tibetische Gebetsfähnchen, sowie ein orangefarbener Buddha-Kopf; ich bin also auf dem richtigen Wege. Ab hier befinde ich mich auch wieder auf dem offiziellen und mit Schildern markierten Eifel-Camino. Nun geht es an knallgelben Rapsfeldern vorbei angenehm bergab zum Dormesbach, an dessen Ufer ich auf einem Baumstumpf eine weitere Rast einlege, um etwas zu essen und zu trinken.

Ein von seinem Hund begleiteter Radfahrer hält bei mir: „Hallo, wohin geht's?"

„Zur Pilgerherberge in Klausen. Ich laufe den Eifel-Camino."

„Ah, okay, bei dem großen Rucksack hätte es auch sein können, dass du ein verirrter Paraglider bist, der irgendwie wieder zurückmuss."

„Kommt sowas hier denn öfter vor?"

„Ja, kommt es."

„Kennst du die Pilgerherberge?"

„Ich war selbst nie drinnen. Nur im Dorfladen, welcher dazugehört. Ich wohne nämlich in Pohlbach. Das ist ein Ort vor Klausen."

Da er auf dem Heimweg und damit in dieselbe Richtung unterwegs ist wie ich, gehen wir gemeinsam bis Pohlbach.

„Bis wohin gehst du den Jakobsweg?", fragt er.

„Nur bis nach Trier."

„Und in den kommenden Jahren dann weitere Etappen, bis du in Santiago ankommst?"

„Nein, den Jakobsweg in Spanien bin ich im vergangenen Jahr gelaufen. Ich wollte nur mal eine Woche raus aus dem Alltag und den Eifel-Camino wandern."

„Ich denke auch schon lange darüber nach, den Jakobsweg zu gehen. Aber mit zwei kleinen Kindern ist das schwer. Sie mitzunehmen ist umständlich, und allein zu gehen und meine Familie dann über fast zwei Monate nicht zu sehen, würde mir sehr schwerfallen. Meine Kinder sind zwei und vier Jahre alt."

„Hm, das kann ich gut verstehen. Aber wenn deine Kinder ein paar Jahre älter sind, sollte das vielleicht weniger problematisch sein."

Wir unterhalten uns über den Jakobsweg und das Pilgern, bis wir an jene Straße gelangen, in welcher er wohnt. Von dort aus sehe ich das Werbeschild eines Thai-Restaurants und bin total aus dem Häuschen vor Freude über die Aussicht auf ein thailändisches Abendessen.

„Oh, wow, thailändisch? Ist das Restaurant gut?"

„Keine Ahnung, es hat vor kurzem erst geöffnet. Aber ich glaube, heute ist dort Ruhetag."

„Das wäre schade. Ich schaue gleich mal nach den Öffnungszeiten."

„Aber nahe der Herberge gibt es eine Pizzeria. ‚Der Italiener', ist hier sehr beliebt."

„Und wie heißt das Restaurant?"

„'Der Italiener'."

... oh, okay, Wortspiel erkannt.

Mein Begleiter wünscht mir einen weiterhin guten Weg, als wir uns voreinander verabschieden.

Es ist wirklich überraschend, wie vielen Menschen ich begegne, die alle selbst gerne einmal den Jakobsweg gehen würden. Ich hoffe, in dem einen oder anderen durch unsere Begegnung nun den endgültigen Impuls ausgelöst zu haben, es zu tun.

Die Kirche von Pohlbach ist verschlossen, weshalb ich mich ohne weiteren Aufenthalt auf den letzten Kilometer zur Herberge begebe. Es ist zwar nur ein einziger, aber ein verdammt steiler Kilometer die Wittlicher Straße hinauf. Ich falle in einen langsamen und stetigen Gang mit kurzen Schritten, bin aber so voller Vorfreude auf die Herberge und das Ende der heutigen Etappe, dass ich den mir entgegen und hinterdrein kommenden Autofahrern freudig zulächle, obwohl mir der Schweiß in die Augen läuft. Hape, mein Pilgerstab, ist mir bei diesem Aufstieg wiedermal die größte Hilfe.

Eberhardsklause

„Nur wo Du zu Fuß warst,
bist Du auch wirklich gewesen."

– Johann Wolfgang von Goethe –

Endlich ..., endlich komme ich oben in Klausen an. Nun aber nichts wie ab in die Herberge und unter die Dusche!

Am Gemeindezentrum ‚Eberhardsklause', in welchem sich die Herberge befindet, stehe ich jedoch vor verschlossener Türe; der zugehörige Dorfladen ist ebenfalls geschlossen. Unter der im Pilgerführer angegebenen Telefonnummer erreiche ich niemanden. Ich setze den Rucksack ab, werfe die Regenjacke über, um mich vor dem kalten Wind zu schützen und wähle die Nummer erneut. Niemand hebt ab. Dann schaue ich noch einmal genauer durch das Türfenster auf ein Werbeschild im Eingangsbereich, und erkenne – halb verdeckt – eine andere Mobilfunknummer als die im Pilgerführer angegebene.

Ich versuche diese Nummer. Ein Mann nimmt den Anruf entgegen und bittet mich freundlich kurz zu warten – er komme sofort heraus. Nach wenigen Minuten öffnet sich eine Nebentür und ein gutgelaunter Herr erscheint.

„Habe ich mit Ihnen telefoniert?“, frage ich lächelnd und biete ihm die Hand.

„Genau. Na, dann komm mal herein“, bittet er mich. Er stellt sich als Alois Meyer vor, der sich mir erst bei der Gestaltung dieses Buches als Ortsbürgermeister von Klausen erschließen wird. Herr Meyer entriegelt erst die Tür zur Herberge, dann jene zum Dorfladen, in welchen ich ihm folge.

„Ich zeige dir das Zimmer, trage deine Buchung hier ein, aber bezahlen kannst du dann morgen bei den Damen vom Dorfladen. Ich rufe gleich noch bei der Kollegin an, damit sie Bescheid weiß, dass wir einen Gast haben. Frühstück gibt es hier im angeschlossenen Café.“

„Sehr schön, vielen Dank. Sind noch weitere Gäste im Haus?“

„Nein, du bist der einzige.“ Das enttäuscht mich ein klein wenig, hatte ich mich doch auf einen netten Austausch und ein gemeinsames Abendessen mit anderen Pilgern gefreut.

Herr Meyer erledigt die Formalitäten und bittet mich dann, ihm zu folgen. Die Herberge ist seit dem Jahr 2012 in Betrieb und zusammen mit dem Dorfladen, dem Gemeindebüro und zwei Sälen Teil des Gemeindezentrums ‚Eberhardsklause‘. Das gesamte Gebäude ist dadurch, dass es erst vor wenigen Jahren renoviert wurde, sehr modern und hell eingerichtet. Die Wände der Flure sind hell. In schöner Schrift sind Zitate mit Bezug auf das Pilgern daran geschrieben. Die Türen sind neu und aus hellem Holz, die Lichter werden über Bewegungsmelder geschaltet. Aber ein kleines Labyrinth ist es. Wir gehen eine Treppe hinauf, dann den Gang entlang, mal nach rechts, mal erneut eine Treppe hinauf, sodass mir die Orientierung schwerfällt. Bald öffnet Herr Meyer die Tür zu einem Zimmer mit dem hübschen Namen ‚Lourdes' und zeigt mir die Räumlichkeit. Es ist ein heller Raum, mit zwei Etagenbetten aus hellem Holz, einem Tisch samt drei Stühlen, Kleiderregal und eigener Toilette sowie Dusche. Alles erscheint sehr neu und freundlich eingerichtet. Perfekt. Herr Meyer erklärt mir noch ein paar zu beachtende Dinge, bevor er mir eine angenehme Nacht wünscht und sich verabschiedet.

Ein Zimmer ganz für mich allein. Und noch besser: Eine Herberge ganz für mich allein! Stell Dir das mal vor! Ich öffne das schmale, hohe Fenster, von welchem aus man auf den Glockenturm der Wallfahrtskirche schauen kann. Nun aber schleunigst raus aus den Stiefeln und ab unter die Dusche!

Welch wunderbarer Luxus ein sauberes Badezimmer mit heißer Dusche doch ist. Das weiß wohl der Wanderer am meisten zu schätzen. Frisch geduscht und in sauberen Kleidern überkommt mich eine Müdigkeit. Schnell beziehe ich eines der vier Betten mit den im Regal bereitliegenden Bezügen und haue mich ein Ründchen in die Federn.

Klausen

*„Nichts ist unmöglich;
es gibt Wege, die aus jeder Situation führen,
und wenn unser Wille stark genug ist,
werden wir immer die notwendigen Mittel finden.
Es ist oft lediglich eine Ausrede,
wenn wir sagen Dinge seien unmöglich."*

– François de La Rochefoucauld

Ausgeruht durch ein ausgiebiges Nickerchen mache ich mich bereit, ein wenig in die Wallfahrtskirche und durch die Straßen von Klausen zu gehen. Das erinnert mich an meine Tage auf dem Jakobsweg in Spanien: Egal, ob ich zwanzig, fünfundzwanzig oder dreißig Kilometer an einem Tag lief – nahezu jeden Abend schlenderte ich immer noch ein wenig durch die Straßen, um mir die Beine zu vertreten. Tat ich es nicht, kam es vor, dass ich nachts wegen eines Restless-Legs-Syndroms kaum einschlafen konnte.

Bevor ich losgehe schaue ich noch eben im Internet nach den Öffnungszeiten des Thai-Restaurants; doch leider ist Ruhetag. Ein kühler Abendwind empfängt mich, als ich auf die mit Kopfstein gepflasterte Straße trete. Gleich neben der ‚Eberhardsklause' steige ich eine lange Treppe zur Wallfahrtskirche hinauf. Das Hauptportal ist für die Kommunionen geschmückt; jedoch verschlossen. Durch einen Seiteneingang betrete ich das Gotteshaus. In seinem Inneren ist es still, denn ich bin der einzige Besucher. Die Fülle an Dekorationen, Schmuck, Bildern und Figuren, sowie deren Alter, lässt mich staunen. Ich fühle mich wahrhaftig in eine Kirche des Mittelalters zurückversetzt. Alles wirkt ehrwürdig und Jahrhunderte alt. In einer Reihe der Gebetsbänke nehme ich Platz, um mich umzusehen und die Eindrücke wirken zu lassen.

Nach einigen Minuten schreite ich langsam durch das Bauwerk und besehe mir alles, was dort ausgestellt ist. Doch so schön und sehenswert die Kirche ist: Hunger macht sich bemerkbar. Also begebe ich mich wieder hinab in die Eberhardstraße, und besehe mir die aushängenden Speisekarten der drei nahegelegenen Restaurants. ‚Der Italiener' sagt mir am meisten zu.

Die hübsche Bedienung des Restaurants begrüßt mich freundlich, als ich eintrete und mich nach einem Tisch erkundige. Sie führt mich an der Theke vorbei in den größeren der beiden Gasträume. Ich wähle einen kleinen Tisch an der Wand und setze mich so, dass ich zum Fenster hinaussehen kann. Im Lokal ist es angenehm warm. Italienische Musik sorgt für das richtige Ambiente. Als mir die junge Frau eine Speisekarte bringt, bestelle ich eine Karaffe Rotwein. Die Wahl meines

Gerichtes ist ebenfalls schnell getroffen: Als Vorspeise Zwiebelsuppe, zum Hauptgericht Pizza. Der Wein schmeckt hervorragend. Ich lasse mich gemütlich in den Stuhl sinken.

Ein Paar im geschätzten Alter von Mitte Fünfzig betritt den Gastraum und wählt einen Tisch am Fenster. Wir grüßen einander. Die Bedienung bringt meine Suppe. Sie schmeckt wunderbar und ihre Wärme tut gut. Der Wein beginnt zu wirken und ich entspanne mich immer weiter in dieses Flair hinein. Die Pizza wird serviert und ich gerate ins Staunen. So etwas habe ich noch nicht gesehen: Der Teller ist schon groß, doch die Pizza ist noch größer, sodass sie weit über den Tellerrand hinausragt. Mit aufgerissenen Augen sitze ich vor der Pizza und weiß gar nicht, wie und wo ich beginnen soll.

„Also, wenn du danach noch Hunger hast, weiß ich auch nicht", scherzt der Mann vom Fensterplatz.

Ich blicke hilflos zu ihm auf: „Da bestelle ich zum ersten Mal in meinem Leben eine Vorspeise, weil ich befürchte, das Hauptgericht könne nicht reichen, und dann so etwas. Mit der riesigen Pizza kann man sich ja nachts zudecken."

Irgendwie finde ich dann doch einen Anfang bei der Pizza. Sie schmeckt hervorragend. Das Paar bekommt ebenfalls zwei solch riesige Pizzen serviert; wir witzeln ein wenig herum. Es kostet mich zwar einige Mühe, doch ich esse restlos auf. Mit einem weiteren Glas Wein aus der Karaffe sinke ich in den Stuhl zurück und fühle eine wohlige Zufriedenheit. Die Bedienung räumt den Teller ab; ich singe Lobeslieder auf das Talent des Pizzabäckers – jedenfalls im übertragenen Sinne. Ob ich noch eine Nachspeise möchte, fragt sie. Ich blicke sie mit großen Augen an: „Wollen Sie mich umbringen!?"

Wir lachen.

Ich genieße den Wein und blättere ein wenig im Pilgerführer, um mir die Beschreibung der nächsten Etappe durchzulesen. Bis nach Trier werden zwei Tagesetappen veranschlagt, allerdings führt die letzte der beiden nicht durchgehend direkt am Moselufer entlang, sondern steigt von dort immer wieder die Moselhöhen hinauf, worauf ich wirklich keine Lust habe. Die Offline-Karte auf meinem Smartphone zeigt mir einen direkteren Fußweg nach Trier von dreißig Kilometern Länge an, was an einem Tag durchaus zu bewältigen ist; wäre da nicht das Gewicht meines Gepäcks. Wegen des Regens, der für übermorgen gemeldet ist, wäre es ohnehin besser, die Strecke nach Trier an nur einem Tag zu schaffen. Deshalb hatte ich auf dem Weg nach Klausen den ganzen Tag über die Hoffnung gehegt, die Betreiber der Herberge hätten die Möglichkeit, einen Teil meines Gepäckes nach Trier zu transportieren. Doch da Herr Meyer eigens für mich die Herberge geöffnet hatte und beschäftigt zu sein schien, verzichtete ich darauf, ihn danach zu fragen.

Holger und Verena

„Das Außergewöhnliche geschieht nicht auf glattem, gewöhnlichem Wege."

– Johann Wolfgang von Goethe –

„Bist du auf dem Jakobsweg unterwegs?"

Ich blicke auf. Die Frau am Fensterplatz hat sich mir zugewandt, nachdem sie bereits nach nur einer halben Pizza zu kapitulieren scheint.

„Ja, richtig", antworte ich. „Ich bin vor sechs Tagen in Andernach gestartet und pilgere nach Trier."

„Interessant. Und wo kommst du her?"

„Aus Andernach. Ich gehe den Eifel-Camino, eben weil er dort in meinem Heimatort beginnt."

„Und wirst du dann noch weitere Etappen bis nach Santiago laufen?", fragt nun ihr Begleiter.

„Nein, in Trier ist für mich Schluss“, sage ich und erzähle kurz von meinem Camino Francés im Vorjahr.

„Und morgen erreichst du dann Trier?“, fragt die Frau.

„Würde ich gerne, aber beim Gewicht meines Gepäcks werde ich wohl leider zwei Tage brauchen.“

„Übermorgen soll es den ganzen Tag regnen.“

„Deshalb hatte ich gehofft, dass man in der Herberge die Möglichkeit habe, einen Teil meines Gepäcks nach Trier zu transportieren, damit ich die Strecke dorthin morgen an nur einem Tag schaffen könnte, und nicht am zweiten Tag durch den Regen laufe.“

„Dann gib die Sachen doch mir mit“, sagt der Mann. „Du kannst sie dann morgen im Dom abholen.“

Ich bin sehr verdutzt. Habe ich gerade recht gehört? Oder verzerrt der Alkohol meine Wahrnehmung?

„Wie: ‚Im Dom abholen‘?“, frage ich verdattert.

„Nun, ich bin Hausmeister im Dom“, erklärt er lächelnd. „Ich kann deine Sachen in die Sakristei legen und du holst sie morgen dort ab.“

Nun bin ich wirklich verwirrt. Habe ich das richtig verstanden? Kann das denn wahr sein? Ich wünsche mir den ganzen Tag lang die Möglichkeit, mein Gepäck nach Trier transportieren zu lassen, und nun erfüllt sich der Wunsch, ohne dass ich überhaupt danach frage? Mal Hand aufs Herz: Das ist doch nun wirklich kein Zufall!? Oder als was würdest Du das bezeichnen?

„Sorry, der Wein wirkt bei mir ...“, bitte ich die beiden lächelnd um Verzeihung. „Also, verstehe ich richtig? Du arbeitest im Trierer Dom? Und du kannst heute ein paar meiner Sachen mitnehmen und sie morgen in der Sakristei des Doms hinterlegen? Und ich kann sie morgen dort abholen?“

„Richtig verstanden", bestätigt der Mann strahlend.

„Okay, wow! Aber was wäre, wenn ich trotzdem *zwei* Tage bräuchte?"

„Dann holst du die Sachen eben übermorgen ab. Die liegen in der Sakristei gut. Wir könnten dann Telefonnummern austauschen und verabreden ein Treffen spontan am Telefon."

„Ihr Lieben ...", wende ich mich noch immer verdattert an das Paar, „ich muss das gerade erstmal sacken lassen. Da komm' ich nicht drüber."

Ich erzähle dem Paar kurz, welch merkwürdige ‚Zufälle' sich auf meiner bisherigen Wanderung bereits ereignet haben und von meinen Wünschen, die – wie eben jener mit dem Gepäcktransport nach Trier – ganz unvorhergesehen in Erfüllung gingen. Die beiden sind sichtlich beeindruckt.

„Also", fahre ich fort, „wenn es euch wirklich keine Umstände bereitet, könnten wir gleich gemeinsam in die Herberge gehen, und ich packe ein paar Dinge zusammen, die ich euch mitgebe. Ihr wärt mir damit eine sehr große Hilfe."

„Klar, gerne", stimmt der Mann zu.

Daraufhin zahlen wir unsere Rechnungen und verlassen das Restaurant. Ich mache mich den beiden bekannt, die sich mir als Holger und Verena vorstellen. Auf dem Weg zur Herberge plaudern wir miteinander.

Ich schließe die Eingangstür zur Herberge auf und führe das Paar durch die Flure zu meinem Zimmer.

„Ihr braucht nicht bewusst leise zu sein: Wir sind die einzigen Menschen in diesem Gebäude", erkläre ich.

Wir unterhalten uns angeregt, während ich Verschiedenes in eine Stofftasche packe: Zelt, Kochutensilien und einige Kleinigkeiten. Ich schätze das Gewicht auf beinahe zehn Kilo.

„Ist das okay für dich, Holger?", frage ich. Er wiegt die Tasche in der Hand.

„Das kriege ich morgen schon im Rucksack per Bahn transportiert“, bestätigt er.

Wir reden noch ein wenig, tauschen dann Telefonnummern aus und sprechen uns bezüglich eines Treffens in Trier ab. Dann trage ich die ausgemusterte Ausrüstung an ihr Auto, wo wir uns herzlich voneinander verabschieden. Als Holger und Verena abfahren, wünschen sie mir eine gute Wanderung für den nächsten Tag.

Zurück auf meinem Zimmer muss ich das eben Geschehene revuepassieren lassen. Es ist für mich noch immer nahezu unglaublich, dass es solche Fügungen gibt; dass ein Wunsch, welchen ich den ganzen Tag über hege, sich plötzlich erfüllt, kann doch nicht bloß ein reiner Zufall sein. Oder wie denkst Du darüber? Du kannst Dir sicher meine Verwunderung und Freude vorstellen.

Da ich das Bedürfnis verspüre, mich jemandem mitzuteilen, halte ich die Erinnerungen an diesen Abend in einem Tagebuch-Video fest. Währenddessen wird irgendwo im Gebäude Posaune geübt; der ‚Gute Kamerad‘ hallt unsicher durch die Gänge der Herberge.

Mich überkommt eine schwere Müdigkeit; ich mache es mir im Bett gemütlich. Natürlich hätte ich mich gefreut, in der Herberge auf andere Pilger zu treffen, doch gerade bin ich froh darüber, das Zimmer für mich allein zu haben. Der Versuch, ein wenig zu lesen, scheitert sowohl an meiner Müdigkeit als auch an der Probe des Orchesters, welches sich dem Posaunisten hinzugesellt hat. Doch der Müdigkeit nachgeben und einschlafen kann ich aus letzterem Grund hingegen ebenfalls nicht. Gegen neun Uhr schließe ich das Fenster im Bad, wodurch die Lautstärke der Musik zwar reduziert, aber nicht gänzlich vermieden wird. Denn nun nehme ich sie durch die

Zimmertüre hindurch wahr. Gegen halb zehn bin ich schließlich doch ein wenig pikiert: Hat dem Orchester denn niemand gesagt, dass ein Gast in der Herberge ist? Ich werde freundlich nachfragen gehen – auch wenn ich mich im Nachhinein etwas für meine Kleinlichkeit schäme, denn schließlich ist es bis zur gesetzlichen Nachtruhe noch eine halbe Stunde; da ging wohl mein „typisch deutscher" Anteil etwas mit mir durch.

Erschöpft kleide ich mich wieder an. Da ich vom Badezimmerfenster aus in etwa jenen Raum ausmachen kann, in dem geprobt wird, muss ich von meinem Zimmer aus gesehen in den linken Bereich des Gebäudes, und ein Stockwerk höher. Auf meiner Etage finde ich jedoch weder eine Treppe, die hinaufführt, noch einen Zugang zum linken Bereich des Gebäudes. Also begebe ich mich eine Etage tiefer. Von dort aus kann ich zumindest in den linken Bereich blicken, nämlich durch eine Glastür, welche in einen großen Gemeindesaal oder etwas ähnliches führt. Hier finde ich auch einen Aufzug. Ich betätige die Taste, die Tür öffnet sich und die Orchestermusik schallt aus dem Aufzugsschacht. Für einen kurzen Moment bin ich verwirrt und denke, es sei tatsächlich Musik aus einem Radio, das im Aufzug installiert ist. Doch macht das keinen Sinn; schließlich bin ich nicht bei Karstadt. Also fahre ich eine Etage hinauf und befinde mich im gleichen Stockwerk, in dem sich auch mein Zimmer befindet. Ich sehe, dass der Aufzug noch eine Etage höher fahren kann, was mich verwirrt, denn eine Treppe, die in dieses Stockwerk führt, hatte ich doch nicht gefunden. Meine Neugierde steigt, als ich hinauffahre. Die Tür des Aufzugs öffnet sich zum halbdunklen Eingangsbereich eines Raumes. Drei Meter mir gegenüber befindet sich eine zweiflügelige Eingangstür. Vorsichtig trete ich aus dem Fahrstuhl und nach rechts in den Saal, aus welchem die Musik ertönt. Ich luge ein wenig nervös um die Ecke – doch der Saal ist leer! Himmel, Arsch und Zwirn! Wie ist das möglich?! Die Musik kommt doch eindeutig von hier!

Ich gehe noch einen Schritt weiter um den Aufzugsschacht herum und mitten in den Saal hinein. Erst jetzt erkenne ich, dass er eine zweite Ebene besitzt; eine Art offenes Stockwerk, das sich wie ein Balkon rund um den Saal herumzieht, in dessen Mitte ich trete und mich nach allen Seiten umblicke. Im Bereich über dem Aufzug sitzt das musizierende Orchester. In einer kurzen Spielpause ergreife ich das Wort.

„Entschuldigung“, sage ich freundlich und zurückhaltend. Nur wenige Köpfe wenden sich zu mir um – als hätte man mich bereits erwartet. „Ich störe wirklich nur ungern, aber ich übernachte in der Herberge nebenan und kann wegen der Musik leider nicht schlafen.“

Der Dirigent, den ich durch das Geländer hindurch als Herrn Meyer zu erkennen glaube – doch sicher bin ich mir nicht –, welcher mich am Nachmittag in die Herberge ließ, sieht überhaupt nicht zu mir herab, sondern lächelt mit geschlossenen Augen, als müsse er sich beherrschen, nicht laut über diese komische Situation zu lachen.

„Ich wollte freundlich fragen, wie lange Sie denn noch proben“, füge ich hinzu – und versuche dabei *wirklich* betont freundlich und ohne jeden Vorwurf zu klingen. Der Dirigent antwortet: „Noch fünf Minuten.“

Ich bedanke mich und wünsche dem Orchester einen schönen Abend, bevor ich wieder im Fahrstuhl hinabfahre.

Zurück auf meinem Zimmer lege ich mich ins warme Bett. Um 22 Uhr endet die Orchesterprobe und ich schlafe ein. Hätte ich einige Minuten mehr Geduld bewiesen, hätte ich auch ohne meinen – im Rückblick etwas peinlichen – Auftritt zu ruhigem Schlaf gefunden; nun ja, so habe ich wenigstens etwas zu erzählen.

Siebter Tag

07. Mai 2019

Von Klausen nach Trier

34 Kilometer

Erkenntnis des Tages:

*Je leichter das Gepäck,
desto schöner die Reise.*

Der letzte Tag beginnt

„Auf vielen Wegen
kannst Du Dich verlieren.
Finden nur auf Deinem."

– Else Pannek –

Nach dem Erwachen bleibe ich noch eine Zeit lang liegen. Solch ein sauberes und frisches Bett ist der größte Luxus unter der Sonne. Herrlich.

Bald kleide ich mich in aller Ruhe an, packe meine Sachen in den Rucksack und ziehe Laken und Bezüge vom Bett ab. Dann schultere ich den Rucksack und muss lachen, da er mir so angenehm leicht erscheint. Das wird heute ein Spaziergang!

Ich betrete den Dorfladen samt angeschlossenem Café. Der Duft von frisch gebackenen Brötchen und aufgebrühtem Kaffee verleiht dem Raum etwas Anheimelndes. Der jungen Frau hinter der Bäckereitheke erkläre ich, dass ich in der Herberge übernachtet und das Frühstück für den heutigen Morgen dazugebucht habe. Sie bittet mich, an einem der runden Cafétische Platz zu nehmen. Ich wähle einen direkt am Fenster und stelle den Rucksack dort ab. Während die Verkäuferin mir einen schwarzen Tee bereitet, schaue ich mich ein wenig im Dorfladen um. Dort gibt es ein Regal mit gebrauchten Büchern, die ich durchstöbere. Gleich fällt mir das Buch „Das Café am Rande der Welt“ in die Hände, welches ich seit langem schon lesen möchte. Mit dem Buch begebe ich mich zurück an den Tisch, als die junge Verkäuferin Tee und zu den Brötchen einen Teller mit Aufschnitt serviert. Auf meine Frage, wie viel das Buch koste, erklärt sie, ich könne es mitnehmen. Ich danke ihr.

Das Frühstück schmeckt herrlich. Herr Meyer tritt ein und nimmt an einem der Café-Tische Platz um zu frühstücken. Wir grüßen einander. Da er jedoch kein Wort über mein Erscheinen bei der Musikprobe am Vorabend verliert, bin ich mir noch immer nicht sicher, ob *er* der Dirigent war. Während des Frühstücks schaue ich mir auf dem Smartphone die Strecke der heutigen Etappe an. Nach dem Essen räume ich das Geschirr auf eine Ablage und nehme mir aus dem Laden etwas Proviant mit. Eine Frau ist erschienen, bei der ich die Einkäufe, die Übernachtung und das Frühstück bezahle.

„Würden Sie mir auch bitte einen Stempel in meinen Pilgerausweis machen?“, frage ich sie.

„Kann ich tun“, antwortet sie. „Soll ich noch einen Stempel vom Musikverein daneben setzen?“, fragt sie, ohne dass ich eindeutig erkennen kann, ob sie nur einen Scherz macht oder vielleicht sogar verstimmt ist. Ich selbst muss allerdings sofort über die Situation und ihre Frage lachen, und sage zu dem frühstückenden Mann – da ich denke, dass ihre Frage auf ihn bezogen ist, und er sich damit tatsächlich als der Dirigent entpuppt: „Ich habe es gestern wirklich nicht böse gemeint. Hoffentlich hat es nicht so geklungen. Aber ich war hundemüde und wollte schlafen. Und ich hatte ja keine Ahnung, ob Sie überhaupt wissen, dass ich die Musik bis ins Zimmer hören kann. Deshalb hatte ich die Befürchtung, die Probe könnte bis in die Nacht dauern.“

„Wir haben uns jedenfalls über Ihren Besuch amüsiert", antwortet die Frau.

„Ach, Sie waren auch dabei?", frage ich überrascht.

„Genau."

„Ich hoffe wirklich, es kam nicht böse rüber", sage ich mit einem hoffentlich entwaffnenden Lachen. „Ich wollte nur freundlich auf mich aufmerksam machen."

„Wir hätten ohnehin nicht mehr lange gespielt", sagt nun Herr Meyer freundlich, womit er mir die Furcht nimmt, einen negativen Eindruck hinterlassen zu haben. „Aber dass man die Musik bis in dein Zimmer hört, ist mir wirklich neu."

„Vielleicht bin ich auch etwas sehr empfindlich gewesen, aber bei einem Bossa Nova kann ich einfach schlichtweg nicht einschlafen", scherze ich.

Nun unterhalten wir uns noch ein wenig über meine Wanderung der letzten Tage. Dann verstaue ich den gekauften Proviant im Rucksack, verabschiede mich von Herrn Meyer und der Dame und laufe los.

Mit leichtem Gepäck

*„Der Weg ist immer besser
als die schönste Herberge."*

– Miguel de Cervantes –

Der Morgen ist kühl. Nach Verlassen der ‚Eberhardsklause' wende ich mich nach links und lasse bald Klausens Wohnhäuser hinter mir. Mit bester Laune und guter Musik aus den Kopfhörern laufe ich singend einen Wirtschaftsweg über Felder entlang. Ohne Zelt und den anderen Klimbim lässt es sich unglaublich leicht und bequem wandern.

Nach einem Gehege, in dem stoisch dreinblickende Esel und Ziegen stehen, führt der Weg ein Stück entlang der Autobahn – ihren Lärm übertöne ich durch Musik –, entfernt sich nach wenigen Minuten aber wieder von der Schnellstraße und verläuft unterhalb eines flachen Berghanges über saftig grüne Wiesen; wenig später dann über den Bach Salm. Auf der Brücke pausiere ich ein wenig, beobachte die Wasseroberfläche und lausche dem Glucksen und Plätschern des Wassers.

Nach einer kurzen Strecke vorbei an Wiesen erreiche ich über die Moselstraße den Ort Rivenich. In der Mitte des Dorfes folge ich einer Straße nach rechts und komme wieder an die Autobahn, folge ihr etwa zwei Kilometer an Wiesen und Feldern vorüber, bis ich die K47 überqueren muss. Ab hier führt der Weg etwas abseits der Schnellstraße weiterhin über Felder und nach Bekond hinein. Etwa einen Kilometer vor dem Ort mache ich nach meinen ersten neun Kilometern des Tages eine Rast an einem kleinen Bächlein, esse Brötchen, Käse und Äpfel aus dem Dorfladen und ruhe meine Beine aus.

Gegen Mittag betrete ich dann Bekond. Zwar weiß ich, dass es in der Pfarrkirche St. Clemens keinen Pilgerstempel geben kann, da der Ort nicht auf dem eigentlichen Jakobsweg liegt, doch möchte ich sie mir anschauen. Der Pilgerstab hilft mir die steile Kirchstraße und die Treppe zum Gotteshaus hinauf. Auf dem kleinen Vorplatz angelangt, nehme ich den Rucksack ab und stelle ihn an eine niedrige Mauer, bevor ich das Gebäude betrete.

Ich gehe langsam zum Altar, schaue mich in Ruhe um. Dann schlendere ich durch die Reihen der Bänke zurück, bis ich mich mittig auf einer nieder setze, lasse die Kulisse auf mich wirken und besehe alles. Aber bereits nach einer kurzen Ruhepause drängt mich eine innere Unruhe weiter. Schließlich möchte ich heute in Trier ankommen.

Es geht noch einige hundert Meter durch den kleinen Ort, dann ein kurzes Stück über Felder, bevor ich in einen Forst eintauche. Vier Kilometer hinter Bekond mache ich auf einer Obstwiese nahe der Autobahn erneut Rast. So komme ich zwar nur langsam voran, doch ich habe schon wieder Hunger und meine Füße schmerzen. Ich lege mich auf den Rucksack, öffne die Stiefel und esse das letzte Brötchen samt dem restlichen Weichkäse. Nun habe ich keine Reserven mehr. Es fällt mir schwer, mich für die folgenden zwanzig Kilometer aufzurappeln, welche ich bis Trier noch zu bewältigen habe, nachdem ich bereits dreizehn gegangen bin. Das wird die längste, aber ab nun glücklicherweise ebenste Etappe.

Mosel-Camino
Pfarrei St. Martin
Schweich

Schweich

„Den Weg studieren bedeutet,
sich selbst studieren.
Sich selbst studieren bedeutet,
sich selbst vergessen.
Sich selbst vergessen bedeutet,
in Harmonie zu sein
mit allem, was uns umgibt."

– Dogen Zenji –

Etwa einen Kilometer führt der Weg noch entlang der Autobahn, die ich danach durch einen Tunnel unterquere, bis ich die Weingüter am Ortsrand von Schweich erreiche. Am Springbrunnen Uhlengartenstraße / Ecke Oberstiftstraße im Zentrum des Ortes setze ich den Rucksack ab, um mich ein wenig auf der Offline-Karte zu orientieren und auszuruhen. Bei dieser Gelegenheit wasche ich mir gleich am Brunnen die

Hände, um meine Kontaktlinsen einzusetzen. Danach laufe ich weiter südwärts zur Kirche St. Martin, welche ich mir jedoch nur kurz von innen betrachte. Auf dem Weg hierher und weiter zur nahegelegenen Touristen-Information bemerke ich schon den ein oder anderen neugieren Blick sowohl auf meinen riesigen Rucksack als auch speziell auf den Pilgerstab. Ich scheine ein seltenes Bild zu bieten.

Die Touri-Info ist in einem kleinen historischen Gebäude untergebracht, welches ich durch seine niedrige Tür betrete; vorsichtig auf jede Bewegung bedacht, denn den Rucksack behalte ich an. Drinnen sitzen eine Dame und ein junger Mann hinter ihren Schreibtischen. Sie bedient gerade eine Kundin, er ist mit der Suche nach irgendetwas beschäftigt. So warte ich einen kurzen Moment und schaue mich um, bis der Mann sich mir widmet. Ich frage ihn, ob er mir einen Stempel in den Pilgerausweis geben könne, was er gerne tut. Dabei frage ich ihn, ob in den letzten Tagen weitere Pilger hier gewesen seien, denn mich interessiert noch immer die Frage nach dem Pilger meines ersten Tages – doch er verneint. Ich bedanke mich und wir verabschieden uns freundlich.

Das Wetter wird deutlich besser. Die Sonne lässt sich blicken und im Windschatten ist es recht frühlinghaft. Nun führt der Camino durch Schweich und über die B53 nach Issel. Hier verliere ich jedoch die Lust daran, weiter durch das Wohngebiet zu laufen und suche stattdessen den kürzesten Weg ans Moselufer. Als ich das Wasser schon von weitem im Sonnenlicht schimmern sehe, überkommt mich ein starkes Gefühl der Freude; zwar nicht so sehr wie ein Jahr zuvor, als ich in Galizien auf einer Anhöhe aus dem Eukalyptuswald trat und den glänzenden Atlantik an der spanischen Westküste sah – und ich voller Stolz und mit Tränen in den Augen realisierte, welche Leistung ich vollbracht hatte, in den Pyrenäen gestartet zu sein, ganz Spanien durchwandert und nun das Ende der alten Welt erreicht zu haben; achthundertachtzig Kilometer, Kraft meiner eigenen Beine. Dennoch bin ich auch nun stolz, froh und dankbar, nach dem Start in Andernach am Rhein und dem anstrengenden Marsch durch die kalte und windige Eifel nun das Moselufer erreicht zu haben. Zudem bin ich froh, dass die restliche Strecke bis nach Trier nur noch eben verlaufen wird.

Auf dieser beliebten Fahrradstrecke kommen mir etliche Radfahrer entgegen. Alle lächeln freundlich, einige grüßen. Die Sonne scheint nun herrlich warm, sodass ich trotz des noch immer kühlen Windes von der Regenjacke zum Hemd wechseln kann. Ich genieße den Blick auf die Mosel, die wärmenden Sonnenstrahlen im Gesicht und die Aussicht auf meine Ankunft in Trier samt gemütlichem Bett.

Wie auf vielen Etappen des Camino Francés höre ich mir auch auf dem Eifel-Camino während des Gehens Vorträge meines liebsten spirituellen Lehrers Sadhguru an. Gerade als ich voller Freude über meine Erlebnisse und voller Dankbarkeit für die erfüllten Wünsche auf dieser Wanderung bin, sagt er etwas, das mir sehr heftig Tränen des Glücks in die Augen treibt, ein intensives Gefühl der Dankbarkeit erzeugt und mich vieles verstehen lässt:

> *„Wenn du deinen Verstand zu einem gewissen Grade ordnest, wird er intern das gesamte System ausrichten. Deinen Körper, deine Emotionen, deine Energien – alles wird in diese Richtung ausgerichtet.*
>
> *Wenn deine vier Dimensionen – dein physischer Körper, dein Verstand, deine Emotionen und die grundlegenden Lebensenergien – gemeinsam in eine Richtung geordnet sind, geht jeder Wunsch in Erfüllung, ohne dass du dafür auch nur einen Finger rühren musst.*
>
> *Es hilft zwar, es durch dein Handeln zu unterstützen, aber sogar ohne jede Form von aktiver Handlung kannst du manifestieren, was du in deinem Leben willst; wenn du diese vier Dimensionen in eine Richtung ausrichtest."*

Ich habe diesen Vortrag und jene Worte zwar schon etliche Male gehört, doch zum ersten Male nehme ich sie bewusst wahr, begreife sie und erkenne ihre tiefe Wahrheit. Denn nun verstehe ich, warum all meine Wünsche der vergangenen Tage in Erfüllung gingen: Weil ich voll und ganz bei *mir* war; weil ich mit mir, den Umständen und meiner Lebenssituation im Reinen war; weil ich in meiner Mitte war. Meine Seele hat den Wunsch nach dieser Wanderung als Bühne für neue Erfahrungen geäußert. Mein Verstand war erst hin und her gerissen – deshalb die heftigen Zweifel vor Beginn der Reise –, bis von außen ein Zeichen in Form des Pilgers kam, den ich am ersten Tag in Andernach gesehen hatte. Daraufhin hat mein Geist die Entscheidung getroffen, diese Wanderung zu machen. Und mein Körper – der für die Seele sowohl Heim als auch viel wichtiger noch eine Art Fortbewegungsmittel und Werkzeug ist – hat *jene* Erfahrungen wahr- und in sich aufgenommen, welche die Seele machen wollte. Die Seele wünscht, der Geist entscheidet, der Körper erfährt. Wenn ich mich also mit meinem Geist bewusst dafür entscheide, jenem Wunsch zu folgen, den meine Seele äußert, dann bin ich im Einklang mit dem Leben; mit dem gesamten Universum. Und dann werden Wünsche wahr.

Ich bin unsagbar dankbar für diese Erkenntnis. Sie beflügelt mich.

Bald erreiche ich ein Gewerbegebiet, dann den Trierer Hafen, welcher das insgesamt unschönste Stück der Strecke wird. Lastwagen rauschen krachend an mir vorüber. Überall sieht man nur Beton und Stahl. Einige Arbeiter, die vor der Tür einer Halle eine Zigarettenpause einlegen, beäugen mich und erwidern mein freundliches Winken und Lächeln. Ich bin froh, als ich den Hafen hinter mir lassen kann und einem Radweg nach Pfalzel folge. Hier sind nun wieder Grünstreifen entlang des Weges. Ich lege den Rucksack ab und setze mich ins gemähte Gras, um die Zip-Hose zu kürzen. Plötzlich klingelt mein Smartphone. Das Display zeigt den Namen Holger. Ich nehme den Anruf an.

„Hallo lieber Holger“, begrüße ich ihn.

„Hallo du Pilger. Ich wollte mal hören, wie du vorankommst, und ob du Trier heute noch erreichst.“ Er klingt vergnügt.

„Es geht super voran. Dank deiner Hilfe bin ich ohne das viele Gepäck leicht wie eine Feder. Ich befinde mich kurz hinter dem Hafen und werde es heute auf jeden Fall noch bis Trier schaffen. Allerdings könnte es spät werden.“

„Okay, freut mich zu hören, dass du gut vorankommst. Willst du dann lieber morgen früh deine Sachen im Dom holen kommen? Denn ich arbeite heute nur bis siebzehn Uhr.“

„Genau darum wollte ich dich gerade bitten. Es wäre super, wenn ich morgen kommen könnte. Ich muss nämlich auch erstmal ins Hostel oder in die Jugendherberge, duschen, essen und dann ist sicher schon später Abend.“

„Mach dir keinen Stress, mein Lieber. Komm einfach morgen früh gegen zehn Uhr in aller Ruhe zur Sakristei. Dann haben wir auch genügend Zeit für eine private Domführung.“

„Oh wow, das wäre wunderbar. Dann melde ich mich morgen früh nochmal und du sagst mir, wann ich wo sein soll.“

„Super, machen wir so. Dann wünsche ich dir noch einen guten Marsch und lauf dir auf den letzten Kilometern keine Blasen mehr! Bis morgen.“

„Bis morgen Holger, und nochmals tausend Dank für deine Hilfe. Du warst meine Rettung.“

„Jeden Tag eine gute Tat, weißt du doch! Tschüss.“

Ich fühle mich wie beflügelt. *Was ein geiles Leben!!!* Ich bin so froh. Mit neuer Energie und Vorfreude auf den morgigen Tag schultere ich meinen Rucksack und laufe weiter.

In Pfalzel passiere ich die Wallmauer, sowie einige alte Häuser mit ihrer schönen Architektur und beschließe, diesen Ort irgendwann einmal in Ruhe zu besichtigen. An einem Torbogen überholt mich ein etwa fünfjähriger Junge auf seinem Fahrrad, bleibt stehen, schaut neugierig auf mein ungewöhnliches Äußeres und vor allem den Pilgerstab, und blickt dann an mir vorbei zu seiner Mutter.

„Hör mal, mein Freund", spreche ich ihn verschmitzt grinsend an, „kannst du mich auf deinem Fahrrad mitnehmen?"

Er lacht und fährt langsam weiter: „Nein! Das ist doch zu klein!"

„Och komm schon! Da ist doch noch genügend Platz. Ich setze mich einfach auf den Gepäckträger."

„Du bist zu schwer", lacht er.

„Wie kannst du sowas sagen!?", frage ich und ziehe dabei eine theatralische Flunsch. „Das tut mir doch auch weh ... Dann nimm doch wenigstens meinen Rucksack mit."

„*Der* ist aber groß!", staunt er.

„Ja, ich glaube, da passt du komplett rein, was?"

„Papa hat auch so einen. Damit waren wir im Urlaub."

„Sag nur! Wo wart ihr denn?"

Mittlerweile ist seine Mutter zu uns aufgeschlossen. Ich komme mit ihr ins Gespräch und sie erzählt von ihrem Familienurlaub per Rucksack, bis sie mit ihrem Sohn in einen Weg abbiegen muss. „Tschüss Kurzer!", rufe ich dem Jungen zum Abschied zu. Er winkt.

Siebter Tag

Trier

„Sage nicht: ‚Wenn ich Zeit dazu habe'.
Vielleicht hast Du nie Zeit dazu.
Wenn nicht jetzt, wann dann?"

– aus dem Talmud –

Die Uferböschung zu meiner Linken ist mit Bäumen und Sträuchern bewachsen. Zur Rechten liegen Spargelfelder, auf denen Männer arbeiten und eine lange schwarze Folie über die niedrigen Wälle spannen, in die man den Spargel pflanzt.

Hinter dem Ort Biewer habe ich einen schönen Blick auf die steilen Wände des für diese Region so charakteristischen roten Sandsteins. Von diesem Anblick sowie von den freundlichen Grüßen und Bemerkungen der Radfahrer abgelenkt, geht es sehr gut voran. Schon bald erreiche ich die Kaiser-Wilhelm-Brücke, bin richtiggehend euphorisch und kann es kaum glauben, nun am Ziel anzukommen. Die Überquerung der Brücke ist eine große Freude: Der Blick hinab auf den Fluss und die Mosel entlang; die Aussicht zur Moseltreppe, auf der eine Anzahl Menschen sitzt und die wärmende Sonne genießt; die interessierten Blicke einiger Passanten, welche an mir vorübergehen; das wohlwollende Lächeln so mancher Autofahrer, die sich anscheinend über die meinem Gesicht anzusehende Freude amüsieren. Das alles zusammen verschafft mir ein erhebendes Gefühl.

An einer Ampel frage ich eine Studentin nach dem Weg zum Dom. Sie erklärt ihn mir gerne, woraufhin ich mich bedanke und ihrer Beschreibung folge. An der nächsten Ampel weiß ich jedoch wieder nicht mehr, wo lang. Ich Trottel konnte mir noch nie gut Wegbeschreibungen oder dergleichen merken. Zwar höre ich aufmerksam zu, aber speichere die Informationen irgendwie nie ab. Ja, ich weiß, eine schlechte Eigenschaft. Aber hey, so bin ich gezwungen, wieder jemanden nach dem Weg zu fragen und dadurch erneut in Kontakt zu kommen – hat auch etwas für sich. Ich frage zwei Jungs nach dem Weg, welchen sie mir hilfsbereit erklären. Durch einen früheren Wallgraben gehe ich entlang der alten Stadtmauer in Richtung Porta Nigra. An der roten Ampel kurz davor hält eine Frau mit einem Holland-Rad neben mir. Sie sieht lächelnd an mir hinab und ich nehme sie direkt als eine offene Person wahr.

„Bist du ein Jakobspilger?“, fragt sie ehrlich interessiert.

„Könnte man fast meinen“, erwidere ich scherzhaft.

Die Ampel wechselt auf grün und wir überqueren die Straße. Auf dem gegenüberliegenden Gehweg führen wir die Unterhaltung fort. Wo ich gestartet bin, möchte sie gerne wissen. Und ob ich weiter nach Santiago gehe. Ich erzähle ihr von allem und sie hört interessiert zu, stellt viele weitere Fragen über meine Motive zum Pilgern; ob es religiöse Gründe habe.

„Nein, ich bin nicht religiös. Ich persönlich halte nichts von kollektiven Religionstraditionen mit ihren Vorschriften und Dogmen und ihren Beschreibungen von Gott. Ich denke, der Mensch braucht keine Konfession, kein System, um an eine höhere Macht zu glauben; ob er sie nun Gott, Leben, Sein, Universum, Jetzt oder wie auch immer nennen mag."

„Das sehe ich genauso. Ich bin beeindruckt, denn ich würde auch sehr gerne einmal den Jakobsweg in Spanien pilgern. In wenigen Wochen werde ich mit meinem Partner den Fishers Trail in Portugal laufen, um zu sehen, ob solch eine mehrtägige Wanderung etwas für mich ist."

Diese Idee finde ich sehr gut. Ich erzähle der Frau einiges über meine Zeit auf dem Jakobsweg in Spanien. Wir unterhalten uns lange; so lange, dass ich kaum mehr stehen kann, denn meine Füße fühlen sich nicht nur an, als wären sie durch das Pausieren angeschwollen, sondern auch, als stünde ich barfuß auf Rasierklingen. Ich bitte die freundliche Frau um Verzeihung dafür, dass ich nicht länger stehen bleiben kann und mich noch um ein Bett für die Nacht kümmern muss. Wir verabschieden uns mit einer herzlichen Umarmung und sie dankt mir für das ermutigende Gespräch und meine Offenheit. Auch ich danke ihr für diesen freundlichen Empfang in Trier.

Die ersten Schritte sind schmerzhaft, so sehr sind meine Füße angeschwollen. Langsam gehend muss ich den Stab zur Hilfe nehmen, stehe dann nach wenigen Schritten aber stolz wie Oskar vor der Porta Nigra. Ich besehe mir das beeindruckende Bauwerk und den Trubel drumherum; all die Menschen verschiedener Herkunft, die hier vom Selfie-Wahn befallen sind. Wie in meiner eigenen Welt schreite ich bedächtig durch das römische Stadttor, nehme alles bewusst wahr. Auf der Rückseite der Porta Nigra bleibe ich erneut stehen und lasse die

Kulisse kurz auf mich wirken. Doch da ich nicht wieder so lange stehen bleiben möchte, bis meine Füße weiter anschwellen, tippele ich weiter.

Vor einem großen Einkaufszentrum hat ein Straßenkünstler seine Malereien auf einem riesigen Tuch ausgebreitet. Der Maler sitzt dahinter in viele Klamotten eingemummelt auf einem Klappstuhl, die Kapuze tief ins Gesicht gezogen. Er unterhält sich mit einer neben ihm hockenden Frau.

„Oh, dein Rucksack sieht schwer aus", spricht er mich an, allerdings auf Englisch.

„Ja, das ist er auch", antworte ich ebenso in Englisch. „Und meine Füße tun höllisch weh."

„Wohin gehst du?"

„Zum Dom, und danach ins Hostel. Woher stammst du?"

„Aus Trier."

„Dann sprichst du Deutsch?"

„Sicher."

„Warum sprechen wir dann Englisch?", frage ich nun auf Deutsch.

„Ach", lacht er. „Du sahst aus wie ein Amerikaner", auch er wechselt ins Deutsche, „Was machst du hier?"

Ich erzähle den beiden von meiner Wanderung. Wieso ich pilgere, will der junge Mann wissen. Ich erzähle ihm vom Jakobsweg in Spanien und meinen spirituellen Beweggründen der Selbstreflexion.

Er ist interessiert: „Ach, ich wollte auch sehr gerne einmal den Jakobsweg gehen."

„Und welche Ausrede hast *du*?", frage ich mit scherzhaftem Sarkasmus.

„Naja, ich habe hier in Trier \`ne geile Wohnung, die ich weder aufgeben noch untervermieten möchte. Aber die Mieten hier sind so teuer. Ich kann durch das Malen nicht mal eben zwei oder drei Monatsmieten im Voraus ansparen."

„Überwinde dich und vermiete sie unter ... oder gib sie ganz auf. Was gibt es denn Schöneres, wie als Maler zu reisen? Dann setzt du dich entlang des Weges und malst die Kulissen, das Leben in den Herbergen und verkaufst die Bilder. So kannst du dich doch super finanzieren."

Er scheint nachzudenken. Mit weiteren Details versuche ich ihn zum Jakobsweg zu ermuntern, und er wirkt ernsthaft interessiert. Ich erzähle ihm und der Frau neben ihm auch kurz von all den seltsamen ‚Zufällen' und wundervollen Begegnungen auf dem Eifel-Camino. Sie hören begeistert zu.

„Ihr Lieben, seid mir bitte nicht böse", bitte ich aber dann, „ich kann kaum noch stehen, so sehr schmerzen meine Füße. Ich will noch zum Dom und muss danach zum Hostel, da ich noch kein Bett für die Nacht habe."

Wir verabschieden uns voneinander, alle erfreut über diese positive Begegnung.

ERZBRUDERSCHAFT DES HEILIGEN MATTHIAS

Let's Heilig-Rock!

„Was nützt es, zu den Heiligtümern des Herrn zu pilgern, wenn das Herz nicht mitgeht?"

– Heinrich Federer –

Auf dem nahegelegenen Platz steht ein Weinausschank, um den sich viele Menschen tummeln. Ich scheine ein ungewöhnliches Bild zu bieten, denn ich werde immer wieder interessiert und mit wohlwollenden Blicken betrachtet. Es ist viel los in der Stadt, denn die Heilig-Rock-Tage sind in vollem Gange. Vor wenigen Tagen erzählte mir jemand davon, da er meinte, es sei zwar dadurch viel Betrieb in der Stadt, aber ich könne mich auf dieses Event freuen. Ich Dappes hatte noch nie etwas von den Heilig-Rock-Tagen gehört, winkte deshalb in Gedanken ab und dachte bei mir – und ich bin froh, es nur gedacht und nicht laut ausgesprochen zu haben –, dass ich mit RockMusik ohnehin nichts anfangen könne; erst recht nicht mit – dem Namen nach – christlich orientierter.

Wenn Du, lieber Leser, jetzt nicht in schallendes Gelächter ausbrichst, so bin ich froh, nicht der Einzige zu sein, der mit dem Namen ‚Heilig-Rock' nichts anfangen konnte.

Lasst mich erklären, Leute:

Der Heilige Rock ist eine Reliquie, die im Trierer Dom aufbewahrt wird. Zwar ist ihre Echtheit umstritten, aber sie soll Teile der Tunika Jesu Christi enthalten. Der Heilige Rock soll im 12. Jahrhundert durch die heilige Helena nach Trier gebracht worden sein. Heute wird er in einer Vitrine aufbewahrt, die in der normalerweise verschlossenen Heiltumskapelle im hinteren Bereich des Domes steht. Nur alle zehn Jahre wird diese Kapelle für Besucher geöffnet, welche dann der Vitrine näherkommen können.

So, genug über mein Unwissen amüsiert! Zurück in die Realität:

Vom Marktplatz aus biege ich nach links ab und fühle mich ein wenig nach Santiago de Compostela zurückversetzt: Die hohen Türme des Doms ragen in den blauen Himmel und markieren das Ende meine Pilgerreise.

Auf seinem Vorplatz ist im linken Bereich ein Zelt nebst Bühne, sowie ein Ausschank aufgebaut; derzeit herrscht kein Betrieb. Im rechten Bereich vor dem Hauptportal des Domes bleibe ich stehen und blicke hinauf, euphorisch und mit einem erleichternden Gefühl von ‚geschafft!' zugleich; zufrieden grinsend. Ich lasse den Rucksack zu Boden gleiten, setze mich davor auf das Pflaster und lehne mich auf ihn zurück, um in liegender Haltung zu entspannen und den Anblick auf mich wirken zu lassen; genau so, wie ich ein Jahr zuvor auf dem Vorplatz der Kathedrale von Santiago lag. Da ich vor dem Trierer Dom jedoch der Einzige in dieser Position bin,

HEILIG
ROCK
WILLKOMMEN

komme ich mir bald doch ein wenig dämlich vor und setze mich lieber auf eine der Metallbänke mit Blick auf den Dom. Irgendwann kommt eine junge Frau Mitte zwanzig auf mich zu. Sie trägt ein Klemmbrett in der Hand und an einem breiten Band ein kleines Schild um den Hals, wie Mitarbeiter auf Events und Festivals sie tragen.

„Hallo, wir befragen die Besucher der Heilig-Rock-Tage“, erklärt sie freundlich. „Würden Sie bei der Umfrage mitmachen?“

„Oh, sorry, da bin ich der denkbar schlechteste Ansprechpartner. Ich bin nicht wegen den Heilig-Rock-Tagen hier. Ich komme nach Trier, weil ich den Eifel-Camino gepilgert bin.“

„Das macht nichts. Im Grunde befragen wir die Touristen und Besucher der Stadt im Allgemeinen. Würden Sie ein paar Fragen beantworten? Sie müssen nur Kreuzchen setzen; also keine lange Angelegenheit.“

„Aber nur, wenn du aufhörst mich zu siezen“, entgegne ich lachend. „Ich komme mir sonst steinalt vor.“

Sie lacht ebenfalls: „Verzeihung, das war reine Höflichkeit. Das wird von mir erwartet.“

„Alles gut. Ich heiße Florian“, stelle ich mich vor und reiche ihr die Hand.

„Ich heiße Anna.“

„Freut mich, Anna. Setzt dich doch her! Das wird ja sicher etwas dauern, nicht wahr?“

Sie nimmt neben mir auf der Bank Platz und erklärt mir den Fragebogen.

„Okay, aber erwarte keine interessanten Antworten von mir“, erkläre ich scherzhaft. „Bis gestern wusste ich nicht mal, was die Heilig-Rock-Tage sind. Ich dachte – wehe du lachst! – hier wird Rock-Musik mit christlichen Texten gespielt.“

Ich muss selbst lachen und wir amüsieren uns über mein Unwissen.

„Und du bist ein Pilger?“, fragt sie. Während ich den Fragebogen ausfülle, erzähle ich ihr von meiner Wanderung auf dem Eifel-Camino und auch von dem Camino Francés. Anna hört begeistert zu. Dann beantwortet sie mir ein paar Fragen zu ihrer Arbeit bei diesem Event und zum Leben in Trier. Viele Fragen des Bogens kann ich gar nicht beantworten, da ich nicht wegen der Heilig-Rock-Tage in der Stadt bin. Als ich Anna das Formular zurückgebe, bedankt sie sich und wir verabschieden uns voneinander.

„Junger Mann, ich habe gehört sie pilgern“, spricht ein älterer Herr mich an, der auf der Bank schräg vor mir sitzt.

„Sie haben richtig gehört“, lächle ich ihm entgegen.

„Das finde ich aber toll. Das ist bestimmt gut für die Seele, wie?“

„Sie sagen es. Das Pilgern bringt einen wieder näher zu sich selbst. Und es sorgt für inneren Einklang.“

„Das denke ich mir. Ich habe das auch immer machen wollen, runter nach Santiago. Aber die Jahre vergingen so schnell und heute kann ich nur noch sehr schlecht laufen.“ Er spricht langsam und man merkt ihm die Schwere der Jahre an, die hinter ihm liegen. „Wo sind Sie denn gestartet“, möchte er wissen, worauf ich ihm im Groben meine Route beschreibe.

„Ah, da kenne ich mich aus. Ich bin nämlich in der Eifel geboren und aufgewachsen.“

„Und wie kommt es, dass Sie nun in Trier leben?“

„Eine Verwandte von mir lebte hier, weshalb ich vor Jahren auch hierhergezogen bin. Ich hatte sonst niemanden und nun ist auch sie tot.“

„Das tut mir sehr leid. Aber in Trier ist wenigstens mehr los als in der Eifel. Und besser versorgt und angebunden sind Sie hier sicher auch.“

Der Mann beginnt von einem Leben zu erzählen, das man eigentlich eher aus der Feder von Robert Seethaler vermuten würde. Wie er im Kinderheim eines kleinen Eifelortes aufwuchs, von allen anderen Kindern – und wohl auch von den Erwachsenen – als Bankert bezeichnet; als Bastard. Die Bedeutung dieses Wortes begriff er erst in Jugendjahren. Der einzige Mensch, der ihm beistand und zu ihm hielt, war eine junge Schwester, die in dem katholischen Kinderheim und Waisenhaus arbeitete. Sie war sein Ein und Alles; und er wohl auch ihr Liebling. Im Alter von sechs Jahren tauchte unvermutet eine Frau im Heim auf. Es dauerte, bis der Junge verstand, dass sie seine Mutter war. Man hatte ihr bis dato den Kontakt zu ihrem eigenen Sohn verboten, da sie ihn als uneheliches Kind eines amerikanischen Soldaten – den es wohl nur sehr kurze Zeit in ihrem Leben gab – zur Welt gebracht hatte. Erst mit Eintritt ins schulpflichtige Alter wurde das Verbot gelockert. Er hatte sie freilich nie wirklich als seine Mutter wahrnehmen können. Vor und nach dem Schulunterricht, in der es viele Hänseleien und Beleidigungen der anderen Kinder hagelte, musste er bei einem Bauern Stallarbeit leisten; bei einem Choleriker, dem schnell und oft die Hand ausrutschte. Zum Vieh des Bauern gehörte ein Ziegenbock, mit dem sich der Junge anfreundete. Bei ihm – seinem einzigen Freund – schlief er oft im Stall und erzählte ihm von seinem Unglück und seiner Trauer. So kam es auch vor, dass der Bock – ein kräftiges Tier – ihn gegen seine Peiniger verteidigte und sie durch den Ort jagte. Um ihren Sohn aus dem Waisenhaus und zu sich nach Hause holen zu können, heiratete die Mutter bald einen Mann, damit dieser das Kind adoptiere. Dafür musste die arme Frau schwer schuften und die Schläge des Mannes erdulden; wie wahrscheinlich auch seine Lust, ertragen.

Der alte Herr erzählte mir seine Geschichte detaillierter, als ich sie hier wiedergebe, und deutet auch Misshandlungen von Seiten der Kirche an, die er als Kind erleiden musste. Das alles geht mir sehr nahe. Was sagt man jemandem, der einem eine solche Lebensgeschichte erzählt? Ich meine: Was kann man da sagen?

„Es tut mir leid, dass Sie so etwas erleben mussten", sage ich, denn mehr fällt mir nicht ein. „Haben Sie schon einmal darüber nachgedacht, Ihre Erlebnisse niederzuschreiben und vielleicht in einem Buch zu veröffentlichen?", frage ich mit ehrlichem Interesse.

„Ich habe schon einmal darüber nachgedacht, aber eigentlich will ich das alles nicht mehr aufwühlen."

„Das verstehe ich."

Wir unterhalten uns noch eine Weile, bis ich sage: „Ich würde Ihnen zwar gerne noch weiter zuhören und ich hoffe sehr, Sie sind mir nicht böse, aber ich habe noch keine Bleibe für die kommende Nacht und es wird bereits spät. Ich sollte mich so langsam auf den Weg zur Herberge machen, um noch ein Bett zu bekommen."

„Aber natürlich, tun Sie das, junger Pilger! Danke für Ihr Gespräch."

„Ich danke Ihnen, dass Sie mir ihr Vertrauen geschenkt und Ihre Geschichte erzählt haben."

Wir geben einander die Hände und wünschen uns gegenseitig alles Gute und Gesundheit.

Da ich beschließe, den Dom heute nicht mehr zu besichtigen, begebe ich mich wieder in Richtung Marktplatz. Wenige Meter von mir entfernt steht Anna, die junge Frau mit dem Klemmbrett.

„Ich habe es noch keinen Meter weiter geschafft", witzle ich.

„Und wo geht es jetzt hin?"

„Ich werde das Hostel suchen und schauen, ob ich noch ein Bett bekomme."

„Ansonsten gibt es an der Mosel noch die Jugendherberge."

„Die habe ich mir als zweite Option auch schon herausgesucht. Mal sehen, wo ich Glück haben werde."

„Ich drücke dir die Daumen."

„Danke. Weißt du, wo ich einen Stempel für meinen Pilgerpass bekommen kann?"

„Oh, keine Ahnung. Komm, wir fragen mal meine Kolleginnen."

Ich folge ihr zu zwei Damen, die mir erklären, dass das Dombüro erst wieder am nächsten Tag öffnen wird.

Eine Frau von etwa Mitte fünfzig kommt hinzu, begrüßt erst die beiden Mitarbeiterinnen mit einer Umarmung und spricht dann mich freundlich an, mein Outfit von oben bis unten musternd: „Sag mal: Bist du ein Jakobspilger?"

„Nee, ich bin der Nikolaus. Siehste doch", witzle ich.

„Ach, das finde ich ja großartig. Das erinnert mich direkt an den Jakobsweg in Spanien."

Ich halte ihr die Faust zum Gruß hin: „Pilgerschwester?"

Die erwidert lachend den Faustgruß: „Pilgerbruder", und stellt sich mir als Beate vor.

„Wann warst du in Spanien?", möchte ich wissen.

„Im vergangenen Jahr."

„Warum haben wir uns dann nicht gesehen?"

„Ich bin Mitte Mai gestartet. Und du?"

„Am ersten Mai."

„Ach was!? Schade, dass wir uns nicht begegnet sind."

Wir plaudern eine Zeit lang über unsere Erlebnisse. Anna hat sich derweil verabschiedet. Die anderen Damen lauschen unseren Erzählungen. Irgendwann sagt Beate: „Mensch Florian, ich finde das Gespräch so klasse! Ich würde dich gerne auf ein Glas Wein einladen."

„Beate, das ist super lieb von dir, aber: Mir fallen die Füße ab, ich habe noch nichts zu Abend gegessen, bin hundemüde und habe noch kein Bett für die Nacht. Ich würde dein Angebot wirklich gerne annehmen, aber ich muss ablehnen."

„Kein Problem, das verstehe ich. Wo willst du denn unterkommen?"

„Im Hostel in der Gartenfeldstraße."

„Ah, ich weiß, wo das ist. Ich begleite dich gerne ein Stück, wenn du magst."

„Sehr gerne."

Wir verabschieden uns von den beiden Damen und gehen am Dom vorbei. Beate gibt mir auf dem Weg ein paar Tipps, wo ich später noch essen gehen könnte. Bald bleibt sie an einer Kreuzung stehen: „So, von hier aus musst du einfach weiter geradeaus gehen."

„Beate, es tut mir wirklich leid, dein Angebot mit dem Wein ablehnen zu müssen. Aber ich werde in nächster Zeit sicher mal wieder nach Trier kommen, um die Menschen zu besuchen, die mir auf dem Weg hierher geholfen haben. Wenn du magst, bleiben wir in Kontakt."

Sie schreibt ihre E-Mail-Adresse auf einen Zettel. Dann verabschieden wir uns mit einer herzlichen Umarmung. Beate wünscht mir Buen Camino. Ich trotte die Straße hinunter und hoffe sehr auf ein freies Bett im Hostel, denn ich bin ziemlich platt und frage mich, wie ich es später überhaupt noch in ein Restaurant schaffen soll.

Schlafplatz für die Nacht

„Man muss seinen Traum finden,
dann wird der Weg leicht."

– Hermann Hesse –

Laut Google-Maps stehe ich vor der Herberge, doch ist dieses Gebäude vor mir ein Irish Pub. Hm, was nun? Vielleicht wird das Hostel von den Kneipenbesitzern betrieben!? Ich stelle den Pilgerstab neben die Tür, ziehe mich mit schmerzenden Schritten die wenigen Treppenstufen hinauf und betrete den Pub. Lärm, Bierdunst und Zigarettenqualm empfangen mich. Die Gesellschaft ist überwiegend männlich und laut. Einige Blicke haften an mir, mustern meine Kleidung und vor allem den Rucksack, als ich zum Tresen gehe. Ich muss eine Weile warten, bis die Frau hinter der Theke Zeit hat; ein etwas unangenehmer Moment, denn ich habe gerade wirklich keine Lust, von einem der Gäste angesprochen zu werden.

„Hi, was kann ich für dich tun", fragt die Bedienung freundlich.

„Ich suche das ‚Evergreen Hostel'", bringe ich nur leise hervor, denn nach einem so strapaziösen Tag wie dem heutigen ist meine Stimme immer etwas heiser und dünn. „Bin ich hier richtig?"

Sie grinst: „Nein, da musst du nebenan durch das Hoftor gehen. Dort findest du dann den Eingang."

„Danke sehr. Dann komme ich vielleicht später auf ein Bier vorbei."

„Alles klar, bis später."

Bloß raus hier! Es ist zwar ein wirklich nettes Lokal, aber den Lärm und Zigarettenqualm vertrage ich nach einer Woche Stille und Landluft nun wirklich nicht. Also nebenan durch das Hoftor! Die Eingangstür des Hostels ist verschlossen, denn die Service-Zeiten sind längst vorbei. Doch klebt an der Scheibe eine Telefonnummer, die man in diesem Fall anrufen soll. Ich wähle. Nach nur dreimaligen Tuten habt jemand ab.

„Ich stehe hier am Hostel leider vor verschlossener Türe, bräuchte aber ein Bettchen", schildere ich mein Anliegen.

„Ist leider alles belegt."

„Ehrlich? Alles voll?"

„Ja, sorry."

„Nichts zu machen?"

„Nope, tut mir leid. Durch die Heilig-Rock-Tage sind wir schon lange ausgebucht."

Shit, und nu? Flori, du Dappes, warum hast du nicht schon heute Mittag ein Bett gebucht? Mal sehen, ob ich nicht noch ein Hostel im Internet finde ...

... Nichts. Nur die Jugendherberge, und diese befindet sich direkt am Moselufer nahe jener Brücke, über welche ich die Stadt betrat. Auch dort rufe ich an.

„Jugendherberge Trier, Timo am Apparat, was kann ich für Sie tun?", meldet sich eine junge Stimme.

„Gude Timo, mein Name ist Florian. Ich bin etwas in Nöten. Hast du eine Bleibe für einen weitgereisten Jakobspilger aus Andernach am sonnigen Rheine?"

Ich höre das Grinsen in seiner Stimme: „Ich schaue gerne mal nach. Moment kurz."

„Danke, ich bin nämlich etwas aufgeschmissen, hundemüde und ich kann kaum mehr einen Meter laufen."

„Okay, also ich habe nur noch ein Doppelzimmer frei."

„Das heißt, ich teile mir das mit jemandem?"

„Nein nein, das hast du dann für dich allein."

„Feine Sache." Ich bin begeistert. „Würdest du mir das Zimmer reservieren?"

„Alles klar, habe ich auf deinen Namen reserviert."

„Timo, du bist mein Held des Tages. Bis später."

„Bis später."

‚Puuuh, danke', sage ich in Gedanken mit Blick zum Himmel. Und wie hinkommen? Laut Maps sind es nochmal zweieinhalb Kilometer. Oh, Heiland! Vielleicht ein Taxi? Nein, dafür bin ich zu stolz und zu geizig. Also, buen camino und ab!

Wie auf rohen Eiern gehe ich wieder am Dom und der Porta Nigra vorüber, aber ohne dass mir jemand der vorhin kennengelernten Menschen nochmals begegnet. An der Porta folge ich der Wegbeschreibung meines Smartphones und erreiche endlich die Herberge. Auf dem Platz vor dem Eingang sitzt eine große Kinderschar um ein Lagerfeuer herum, Stockbrote über den Flammen backend. Ein erfreulicher Anblick. Sie sind alle vergnügt und voll bei der Sache; solch ein Abend am Lagerfeuer ist für sie aufregender als Fernsehen.

Ich trete ein und gehe zu dem jungen Mann an der Rezeption: „Hi, ich habe vorhin angerufen und mir ein Doppelzimmer reservieren lassen."

„*Wir* haben telefoniert", erklärt er strahlend.

„Ah, Timo! Mann, danke nochmal. Ich hätte nicht gewusst, wohin mich sonst wenden."

„Alles gut, ich muss nur noch den Papierkram fertig machen. Sekunde eben."

„Keinen Stress wegen mir. Ich bin im Urlaub."

„... und bist aus Andernach hierher gepilgert?"

Ich erzähle ihm in Kurzform vom Eifel-Camino und meinen Erlebnissen, aber auch vom Jakobsweg in Spanien. Währenddessen beobachte ich die Teenies an der Bar, auf der anderen Seite der Rezeption, die Slushies und Limonade bestellen wie Achtzehnjährige ihre ersten Drinks in der Disco.

„Wahnsinn, da hast du ja einiges erlebt", staunt Timo. „Jetzt freust du dich sicher auf eine Dusche!?"

„Kannst du Gedanken lesen?"

Er händigt mir den Schlüssel aus und beschreibt den Weg zum Zimmer.

„Danke Timo. Noch etwas: Gibt es hier ein Thai-Restaurant? Seit Tagen lechzte ich danach."

Er lacht: „Sorry, aber ich weiß es nicht. Gibt es sicher, aber ich habe keine Ahnung wo."

Er empfiehlt mir zwar das eine oder andere Restaurant, doch für jedes müsste ich wieder zurück in die Innenstadt; und da kriegt mich heute niemand mehr zu Fuß hin.

Vorbei an der Meute von Kids, Teenies und Lehrern gehe ich durch die Gänge auf mein Zimmer.

Es ist sauber und gemütlich eingerichtet. Vor allem aber freue ich mich über die Dusche, welche ich ausgiebig nutze. Ein Hochgenuss. Ich schaue nach der Zeit: zwanzig Uhr. Wahnsinn! Ich brauchte von meinem Einmarsch nach Trier bis hierher in etwa vier Stunden! Und das nur weil, ich mit so vielen Menschen gesprochen habe. Aber egal: Ich habe einen Hunger, wie nur ein Pilger ihn haben kann. Im Internet finde ich eine handvoll Lokale in unmittelbarer Nähe. Eines davon ist ein kroatisches Restaurant. Perfekt. Nichts wie hin!

Ich putze mich so fein heraus, wie es mir mit meiner Wanderkleidung und den Sandalen nur möglich ist, und mache mich auf den Weg. Draußen ist es bereits dunkel und die Kinder sitzen in ihre Jacken gekuschelt vor dem wärmenden Feuer, essen und trinken. Andere spielen noch auf dem Bolzplatz Fußball.

Meine Beine und Füße schmerzen bei jedem Schritt zum Restaurant. Die Herberge liegt direkt an der Mosel. Wenige hundert Meter von ihr entfernt wurde eine große und breite Sitztreppe in die Uferböschung gebaut. Gleich dahinter befinden sich die Restaurants, von denen mich der Kroate am meisten anzieht.

Ich betrete das gemütlich beleuchtete Lokal. Gleich links am Tisch sitzen einige Herren. Einer von ihnen – welchen ich als den Lokalbesitzer zu erkennen vermute – grüßt mich sehr freundlich; wobei er zwar etwas länger auf meine Sandalen schaut, mir aber danach dennoch zustimmend entgegenlächelt. Ein junger Kellner tritt an mich heran: „Guten Abend. Bitte sehr, was kann ich für Sie tun?", fragt er zuvorkommend mit osteuropäischem Akzent.

„Guten Abend. Haben Sie einen Tisch für eine Person frei?"

„Natürlich, Sie dürfen wählen", antwortet er. Ich entscheide mich für einen Tisch am Fenster gleich neben der Türnische, denn ich möchte mich in meiner Aufmachung nur ungerne mitten in das Restaurant setzen, da es doch etwas feiner eingerichtet ist, als ich vermutet hatte.

Der junge Kellner bringt das Menü, sowie ich Platz nehme: „Darf es schon etwas zu trinken sein?"

„Ich würde einen Kadarka nehmen, wenn ihr welchen habt."

„Aber natürlich, gerne."

Es ist wenig Betrieb im Lokal, zumindest in diesem vorderen Bereich. Nur ein weiterer Tisch ist von vier älteren Franzosen belegt.

Der Kellner bringt den Rotwein: „Sehr zum Wohl!"

„Hvala", danke ich auf Kroatisch.

Er macht große Augen: „Sie sprechen Kroatisch?"

„Nein, ich kann nur *Danke* und *Hallo* sagen", antworte ich lachend. Zugegeben, ich musste das Wort nochmals googeln. „Ich war mal für drei Wochen mit meinem VW Bus in Kroatien unterwegs. Ist aber schon ein paar Jahre her. Bist du von dort?"

„Ich komme aus Bosnien, bin aber Kroate."

„Ah, interessant. Und seit wann lebst du in Deutschland?"

Er überlegt kurz: „Seit Januar."

„Diesen Jahres?"

„Ja."

„Aber wieso sprichst du dann so gut Deutsch? Hast du in Bosnien schon Deutsch gelernt."

„Nur ein wenig."

„Wow, das hätte ich nicht gedacht. Respekt."

„Danke Ihnen."

„Du brauchst nicht ‚Sie' zu mir zu sagen. Ich heiße Florian."

„Und ich Miro."

„Freut mich Miro. Wir hatten in Andernach – wo ich herkomme – bis vor wenigen Monaten ein jugoslawisches Restaurant, in dem ich sehr gerne gegessen habe. Dort gab es so ein leckeres Hacksteak, gefüllt mit Fetakäse. Habt ihr hier so etwas?"

„Haben wir. Mit Pommes dazu?"

„Ja, bitte."

„Salat kannst du dir vorne an der Salatbar selbst nach deinen Wünschen zusammenstellen."

Er gibt meine Bestellung in der Küche auf und ich mache mir an der Bar einen kleinen Salatteller zurecht. Zurück am Tisch sinke ich gemütlich in den Stuhl und genieße den köstlichen Wein. Herrlich, dieses Ambiente, das warme Licht und generell die Wärme nach einer Woche draußen in Kälte und Wind. Ich beobachte die anderen Gäste. Der Kadarka beginnt bereits zu wirken, lullt mich ein, hüllt mich wie in Watte. Was ein geiles Leben!, denke ich. Wenn man nur einfach mal seinen Hintern aus der Komfortzone herausbewegt und bereit ist, wandern zu gehen, im Zelt oder sonst wo zu schlafen und sich dem Wetter auszusetzen. Denn innerhalb der Komfortzone erlebt man nichts und hat daher wenig Gelegenheit seine Persönlichkeit weiterzuentwickeln oder mental zu wachsen. Sie ist bequem, aber doch nur ein bequemes Grab. Man *lebt* nicht in der Komfortzone, sondern stirbt nur langsam; wenn auch bequem, aber man stirbt einen langen Tod. Will man hingegen *leben*, muss man Wagnisse eingehen, über seine Ängste hinausgehen und sich auf unbekanntes Terrain wagen. Sicher, ich könnte auch jeden Tag in einem so gemütlichen Restaurant wie diesem hier sitzen, köstlichen Wein trinken, herzhafte Speisen essen und danach in ein bequemes Bett fallen. Aber wenn man diesen Luxus jeden Tag hat, weiß man ihn nicht mehr zu schätzen; ist es kein Genuss mehr. So ist es vielleicht auch mit der Komfortzone. Sie ist nur etwas Schönes, wenn man durch Abenteuer, Entbehrungen und Strapazen ihren Wert wieder und wieder neu kennenlernt und sie dadurch nicht als etwas Alltägliches ansieht, sondern als einen besonderen Genuss, ein Geschenk.

Nun aber weg von der Philosophie und hin zum Hacksteak! Ich möchte dazu erwähnen, dass ich auf dem Jakobsweg in Spanien beschloss, mich überwiegend vegetarisch zu ernähren, doch mache ich an solchen Festtagen auch Ausnahmen, und mein schlechtes Gewissen hält sich dadurch, dass ich meinen generellen Fleischkonsum um geschätzte neunzig Prozent reduziert habe, dann auch mal in Grenzen.

„Guten Appetit“, wünscht Miro.

„Danke dir. Das duftet herrlich.“

Vom ersten bis zum letzten Bissen bin ich selig. Ein Festschmaus. Danach fühle ich mich satt, zufrieden und ein wenig betäubt vom Wein.

„Hat es geschmeckt?“, fragt Miro, als er die Teller abräumt.

„Wunderbar. Es war perfekt.“

„Danke sehr.“

„Würdest du mir dann gleich die Rechnung bringen, bitte?“

„Natürlich. Darf es noch ein Slivovic zum Abschluss sein? Geht aufs Haus.“

„Slivovic ist mir zu stark. Könnte ich stattdessen einen Julischka bekommen?“

„Sehr gerne“, antwortet er und geht. Nach wenigen Minuten erscheint er mit der Rechnung und einem Glas Julischka.

„Ich danke dir, Miro.“

„Sehr zum Wohl!“

Ich genieße den Likör in mehreren kleinen Zügen, während ich das Geld in die Rechnungsmappe lege. Dann höre ich das Bett rufen, erhebe mich, winke Miro zu, ihm und dem Restaurantbesitzer meinen Dank aussprechend, und verabschiede mich.

Die kühle Abendluft tut gut. Mein Magen ist gedehnt voll. Müde und langsam schlendere ich zurück. Auf dem Parkplatz steht – von einer Plane bedeckt – ein Chopper. Das Motorrad bietet ausgerechnet vor einer Jugendherberge einen witzigen

Anblick. Ein paar Kinder und Jugendliche sitzen noch draußen am Feuer. Ich selbst gehe erst einmal auf mein Zimmer, um mich etwas hinzulegen und ein Tagebuch-Video zu machen.

Danach habe ich zwar keine Kraft mehr, um in die Stadt zu gehen und mich in ein Lokal zu setzen, doch auf dem Zimmer möchte ich auch nicht unbedingt bleiben. So schaue ich nach, ob man an der Bar der Herberge ein Bier bekommt. Dort sitzen rechts des einzigen noch freien Barhockers zwei ältere Herren; links davon ein jüngerer Mann in der Lederkluft eines Bikers. Alle Anwesenden grüßend nehme ich Platz und bestelle bei dem jungen Mann hinter der Theke ein Weizenbier. Während er einschenkt, wende ich mich an den Biker: „Ich vermute mal, das Motorrad dort draußen gehört dir!?"

Er stutzt einen Moment, bevor er auf Englisch erwidert: „Oh, Verzeihung, ich spreche kein Deutsch."

Neugierig wiederhole ich meine Frage auf Englisch und zeige dabei auf seine Kleidung.

Er lacht: „Ja, genau, das ist mein Chopper."

„Woher kommst du?"

„Aus Frankreich."

„Oh, interessant. Und wie heißt du."

„Arno."

Ich halte ihm mein Bier zum Anstoßen hin: „Santé, Arno aus Frankreich. Ich heiße Florian."

„Prost", sagt er auf Deutsch und stößt mit seinem Bier an, wechselt dann aber wieder ins Englische: „Freut mich, dich kennen zu lernen, Florian."

„Wohin bist du mit deinem Bike unterwegs?"

„Ich habe ein paar Tage Urlaub und wollte mir in der Gegend um Rhein und Mosel einige Sehenswürdigkeiten anschauen."

Interessiert frage ich, welche er zu besichtigen plane, woraufhin er eine Straßenkarte zückt, auf welcher er mir ein paar seiner gesetzten Ziele zeigt. Ich gebe ihm so gut es geht Tipps, welche davon wirklich sehenswert sind und welche nicht. Stattdessen schlage ich ein paar Alternativen vor. Er ist begeistert und notiert sie sich.

„Und was machst *du* hier?“, möchte er wissen.

„Ich bin den Eifel-Camino gepilgert, einen Teil des Jakobsweges. In Frankreich kennt man ihn als Chemin de Santiago, glaube ich.“

Er hört meinem Bericht über die Geschehnisse der letzten Tage interessiert zu und ich zeige ihm den Verlauf der Strecke auf seiner Karte.

„Wo aus Frankreich kommst du her und was machst du beruflich?“

„Ich wohne in Paris und arbeite dort als Make-Up-Artist“, sagt er schmunzelnd, und ich weiß meine Vermutung auf seinen warmen Touch bestätigt.

„Du bist der erste Franzose, den ich kennenlerne, der sehr gut Englisch spricht. Wie kommt das?“

Er lacht: „Ja, die Franzosen sprechen ein grauenhaftes Englisch. Ich schäme mich auch jedes Mal fremd. Ich hatte aber das Glück, für ein paar Jahre in Dublin zu leben und dort mein Englisch zu verbessern.“

So unterhalten wir uns den ganzen Abend über Irland, das Reisen, die Franzosen und die Deutschen, lachen viel und trinken noch ein zweites Bier. Bald bin ich aber wirklich müde, wünsche Arno eine gute Nacht, sowie sonniges Wetter für die nächsten Tage und verabschiede mich.

Endlich im Bett. Was für ein langer und anstrengender Tag. Es dauert keine fünf Minuten und ich falle in tiefen Schlaf.

Achter Tag

08. Mai 2019

Trier

Erkenntnis des Tages:

Die Welt ist nicht voller Fremder,
sondern voller Freunde,
denen du nur bisher
noch nicht begegnet bist.

Wiedersehen mit Holger

„Es gibt keinen Weg zum Glück.
Glücklich sein ist der Weg."

– Buddha –

Auch auf die Gefahr hin, dass ich mich wiederhole: Es ist herrlich, in einem gemütlichen Bett mit frischen Laken zu erwachen. Und was noch besser ist: Noch eine Zeitlang liegen zu bleiben. Nach dem gestrigen Tag fühle ich mich ziemlich gerädert und ausgelaugt. Aber, wen wundert es?

Ich brauche eine Weile, bis ich richtig wach bin. Dann schlüpfe ich in die Klamotten und begebe mich zum Frühstück. Im Speisesaal ist ein einziges Gewusel aus Kindern, Teenies und Lehrern. Es wird Deutsch und Holländisch gesprochen. Am Ende eines langen Tisches sitzt Arno.

Ich wünsche ihm einen: „Bon Jour."

„Gutöön Morgöön“, erwidert er in seinem besten Deutsch, bevor wir ins Englische wechseln.

„Wie hast du geschlafen?“, frage ich.

„Wunderbar. Und selbst?“

„Wie ein Baby nach sieben Tagen Gewaltmarsch. Ich hole mir eben etwas zu essen. Darf ich mich zu dir setzen?“

„Bitte sehr!“

Die Auswahl des Frühstücksbuffets ist groß und gut: Verschiedene Sorten Brot, reichlich Aufschnitt und Aufstrich. Müsli in verschiedenen Variationen, Salat, Obst, Säfte, Tee, Kaffee, Kakao. Für alles ist gesorgt.

Ich mache mir den Teller voll und setze mich zu Arno: „Du fällst zwischen den anderen Personen kaum auf mit deinen Lederklamotten.“

Er lacht: „Ich fühle mich auch gleich dreißig Jahre jünger. Was ist dein Plan für den heutigen Tag? Fährst du nach Hause?“

„Ja, heute Nachmittag oder erst am Abend. Vorher gehe ich in den Dom. Ich habe vorgestern den Hausmeister des Doms in einem Restaurant kennengelernt. Er hat einen schweren Teil meines Gepäcks für mich dorthin befördert. Das hole ich heute in der Sakristei ab, und er möchte mir dann gleich den Dom zeigen.“

„Das klingt großartig.“

„Ja, ich freue mich schon sehr. Aber du hast dir kein sehr gutes Wetter zum Motorradfahren ausgesucht.“

Draußen ist es grau, trüb und es nieselt.

„Tja, was will man machen? Einen Biker schockt das nicht.“

„Und einen Make-Up-Artist?”

Er lacht. Wir frühstücken ausgiebig und unterhalten uns angenehm. Danach verabschieden wir uns herzlich voneinander und ich wünsche Arno eine gute Reise.

Zurück im Zimmer rufe ich Holger an. Er meldet sich: „Hallo mein pilgernder Freund. Wie ist die Lage?“

„Hallo Holger, wann kann ich bei dir sein?“

„Na, sagen wir, so um zehn Uhr vor der Sakristei?“

„Gerne. Dann habe ich noch Zeit für eine Dusche. Bis später, Holger.“

„Alles klar. Frage dann im Dom einfach nach mir. Bis nachher.“

Ich dusche lange und genüsslich, packe danach den Rucksack und checke an der Rezeption aus. Durch den Nieselregen trotte ich denselben Weg zurück zum Dom, welchen ich gestern bereits zur Jugendherberge nahm. Im Dom ist allerhand los. Neben einzelnen Besuchern sind vor allem Kindergartengruppen zugegen, jede durch die jeweils gleichfarbigen Kappen oder Leibchen als zusammengehörig gekennzeichnet. Dazwischen einige Angestellte des Dom, die freundlich für Ruhe und Ordnung sorgen. Meine Aufmachung in Wanderkleidung, mit Rucksack und Pilgerstab zieht interessierte und freundliche Blicke auf sich.

Vor der offenen Tür zur Sakristei bleibe ich stehen. Neben ihr sitzen einige Sanitäter auf einer Bank, die ich frage, ob man dort einfach eintreten könne. Sie verneinen, woraufhin ich frage, ob sie den Hausmeister Holger kennen; er erwarte mich. In diesem Moment kommt mir Holger jedoch schon strahlend und mit offenen Armen entgegen: „Hallo mein Lieber.“

Wir umarmen uns zur Begrüßung. „Hallo Holger. Hattest du schwer zu schleppen an meinem Gepäck?“

Er lacht: „Ja, das waren beinahe zehn Kilo. Das war schon `ne Menge, hör mal.“

„Oh, es tut mir leid, dir solche Umstände bereitet zu haben. Aber du hast mir damit echt den Allerwertesten gerettet.“

„Ehrensache mein Freund. Komm erstmal herein!“

Wir betreten die Sakristei und einen kleinen Raum mit Schreibtisch nebst Schalttafel für verschiedene elektrische Einrichtungen an der Wand. Ein Mann in Kutte erhebt sich und reicht mir freundlich die Hand.

Holger instruiert ihn. „Bruder Jacek, das ist Florian, der Pilger, von dem ich erzählt habe.“

„Ah, willkommen“, sagt er mit slawischem Akzent.

„Guten Tag, Bruder Jacek, ich bin sehr erfreut, Sie kennenzulernen“, entgegne ich.

„Schau mal“, sagt Holger, „dort in der Ecke liegt dein Gepäck. Lass deinen Rucksack ruhig hier, damit wir erst einmal eine kleine Domführung machen können. Was meinst du dazu?“

„Klar, sehr gerne, Holger.“

Wir verabschieden uns von Bruder Jacek. Ich folge Holger quer durch das Hauptschiff des Doms zu einer niedrigen Tür nahe dem Hautportal. Der Hausmeister öffnet die für Besucher nicht zugängliche Tür mit einem Schlüssel. Hinter ihr befindet sich eine Wendeltreppe, welche wir hinaufsteigen, während ich Holger auf seine Nachfrage vom gestrigen Tag berichte. Oben angekommen finden wir uns im Glockenturm wieder, wo Holger die verschiedenen Mechanismen und Sicherheitseinrichtungen erklärt.

„Wir haben nur ein wenig Zeit, bevor die Glocke schlägt. Bis dahin sollten wir hier heraus sein; sonst fallen uns die Ohren ab, so laut wird es.“

Wir steigen eine schmale hölzerne Stiege hinauf in das Spitzdach des Turmes. Holger öffnet eine Tür, durch die wir auf den äußerst schmalen Laufgang um das Dach herumgehen können.

„Traust du dich einmal rundherum zu gehen?“, fragt Holger.

Ich bewege mich vorsichtig aus der Tür hinaus. Wir befinden uns in etwa fünfzig Metern Höhe über der Trierer Altstadt. Der Umlauf um das Turmdach ist so schmal, dass man nicht zwei Füße nebeneinandersetzen kann, und die Brüstung gerade einmal hüfthoch. Mir wird sofort anders. Holger ist schon um die Ecke des Daches, als er sich zu mir umwendet: „Alles in Ordnung?"

„Das ist verdammt hoch."

„Willst du lieber wieder hineingehen?"

„Nein, ich versuche es."

Ich folge ihm sehr langsam, auf jeden Schritt achtend und mich zum Dach hin lehnend. Der Ausblick ist phänomenal; so etwas bekommt man nicht alle Tage zu sehen. Doch hinab kann ich nicht schauen, sonst verliere ich die Selbstbeherrschung. Holger zeigt auf einige Gebäude um uns herum und erklärt mir deren Bedeutung. Dann weist er auf die Kugel an der Kirchturmspitze und erzählt die Geschichte, wie diese bei Renovierungsarbeiten fast hinabgefallen wäre. Ich kann mich leider nicht so sehr für seine Worte begeistern, sondern möchte lieber schnell die Runde um das Dach beenden. Meine Anspannung löst sich und ich atme erleichtert aus, als wir wieder im Inneren des Turmes sind.

„Ich bin begeistert", lobt er mich. „Finde ich super, dass du dich getraut hast."

Zur Antwort lasse ich ein lautes Schlucken hören.

Dann führt mich Holger eine Treppe hinab und durch eine weitere Tür. Wir befinden uns in einem großen, aber niedrigen Raum. Der Boden besteht aus steinernen Erhebungen, um welche metallene Gitterstege herumführen. Über diese Gitter gehen wir und ich brauche einen Moment, um zu verstehen, wo genau wir uns befinden.

„Unter uns ist das Hauptschiff des Doms“, erklärt Holger. „Siehst du die starken Metallstreben überall? Das Gebäude wird quasi durch ein inneres Stahlgerüst gehalten. Die Stadt Trier befindet sich nämlich in einem Sumpfgebiet, und ohne dieses Gerüst würde der Dom bald zusammenstürzen.“

Unglaublich, diese dicken Metallstreben zu sehen und sich vorzustellen, welch große Ingenieursleistung dieses innere Gerüst ist. Ich folge Holger durch die Zwischendecke einmal um den Dom herum und in verschiedene Räume, bis wir irgendwann wieder im ersten Turm anlangen. Hier gehen wir erneut einen Stock tiefer und durch eine weitere Tür, hinter welcher wir uns im Bereich über dem Seitenschiff befinden und das Treiben der Besucher unter uns beobachten können.

„Wieso sind hier so viele Kindergruppen, Holger?“

„Später wird ein Gottesdienst für jene Kinder gehalten, die aus dem Kindergarten in die Grundschule wechseln.“

Er erklärt mir einiges über den Dom und weist mich auf verschiedene Steinmetz- und Bildhauerarbeiten hin, die sich näher zu betrachten lohnen. Durch einen weiteren Durchgang in Richtung Hochaltar kommen wir in einen schmalen Gang, dessen rechte Seite aus einer Holztäfelung besteht. Hier ist erneut ein kleiner Durchgang nach rechts, durch den wir eine Stufe hinabsteigen. Nun befinden wir uns vor der Orgel; oder auf der Orgel? Schwer zu beschreiben, denn es ist eine Schwalbennestorgel, welche als ganze Einheit freischwebend an einer tragenden Säule angebracht ist. Ich wage einen Blick hinab, aber meine Knie werden weich wie Pudding. Der Gedanke, auf einem sicherlich tonnenschweren Holzgebilde zu stehen, das irgendwie – ich kann es mir gar nicht vorstellen – am Mauerwerk befestigt ist und freischwebt, bereitet mir ein Gefühl des Unwohlseins. Ich besehe mir zwar alles, möchte jedoch gerne schon bald wieder festeren Boden unter den Füßen spüren.

Nachdem Holger mir sämtliche Details erklärt hat, folge ich ihm wieder hinab und durch das Hauptschiff zu einer Tür nahe der Sakristei, durch welche wir in den Kreuzgang gelangen, in dessen Mitte Gräber und Blumenbeete liegen. Wir begegnen einem Kollegen Holgers aus der Schreinerwerkstatt. Gemeinsam mit ihm gehen wir in die Werkstatt und ein paar weitere Räume bis zu einer Gebetshalle, die Holger mir gerne zeigen möchte. Denn hierher kommen – wie in die anderen Räume, durch die er mich führte – normalerweise keine Besucher. Diese Halle ist ausschließlich der orthodoxen Gemeinde – und auch dieser nur an Festtagen – zugänglich. Eine hölzerne, mit feingearbeiteten, vergoldeten Fresken und Ikonen verzierte Wand schützt den direkten Raum um den Altar. Durch ihre Mitte führt ein mit einer Kette versperrter Durchgang.

„Hier kann die orthodoxe Gemeinde Weihnachten und Ostern feiern, sowie Hochzeiten und andere Festtage."

„Ist die Gemeinde denn sehr groß?"

„Nicht sehr, aber an Festtagen kommen schon einige Menschen zusammen."

Die Feinheit der schönen Verzierungen beeindruckt mich. Ich sehe mir alles genau an, während Holger und sein Kollege über einige Vorkehrungen bezüglich der Heilig-Rock-Tage sprechen.

„So", meint Holger, „jetzt gehen wir aber erstmal etwas essen. Hast du Hunger?"

„Immer."

Zu dritt begeben wir uns zur Sakristei und dann eine Treppe hinab in einen im Tiefparterre liegenden Saal, in dem lange Tafeln stehen. An ihnen sitzen einige der Domangestellten. Ich folge Holger zu einer Gruppe von drei weiblichen Reinigungskräften und einem sehr jungen Geistlichen, an die sich Holger wendet: „Hallo Ladys ...", mit einer kurzen Kunstpause betrachtet er lächelnd den Geistlichen, „... und Gentlemen. Ich habe euch bereits von Florian erzählt, meinem Pilgerfreund aus Andernach. Ich zeige ihm heute ein wenig den Dom." Und dann an mich gewandt: „Ich habe dich bereits angekündigt. Dein Ruf eilt dir voraus."

Ich sage ein Hallo in die Runde, die mich ebenfalls freundlich begrüßt.

„Nehmt euch erstmal Kaffee und Stückchen", fordert uns eine der Damen auf. Wir leisten gerne Folge.

„Eine große Auswahl gibt es leider nicht", sagt Holger entschuldigend, als wir am Tisch mit den Speisen stehen. „Das meiste ist gestiftet, aber es geht mehr um das Beisammensein und den Austausch während des gemeinsamen Essens."

Zur Auswahl stehen Kaffee, Tee, Saft, dunkles Brot, selbstgemachte Marmelade und Äpfel. Ich bediene mich zurückhaltend und nehme mit Holger am Tisch Platz, genieße das Essen sowie die Gespräche der Tischnachbarn. Es ist schön zu sehen, wie kollegial das Team zu sein scheint und man hört heraus, dass alle füreinander mitdenken und gemeinsam planen.

Zugegeben: Ich bediene mich noch ein zweites Mal an Brot und Marmelade; zum Einen, da die selbstgemachte Marmelade wirklich köstlich ist, zum Andern, um den Aufforderungen der netten Damen nachzukommen, welche daraufhin von meiner Wanderung auf dem Pilgerweg hören möchten. Es ist eine freundliche und fröhliche Runde, in der ich mich sehr wohl fühle.

Nach dem Essen verabschieden Holger und ich uns wieder von den Anderen.

„Wie lange bleibst du noch in Trier", möchte Holger wissen.

„Ich würde mir nachher gerne noch die Benediktinerabtei Sankt Matthias ansehen. Schließlich kann ich nicht nach Trier pilgern, ohne mir diesen Wallfahrtsort anzusehen."

Stadt Andernach

„Dann lass deine Sachen ruhig so lange noch hier. Melde dich einfach per Telefon, wenn du zurück zum Dom kommst. Dann treffen wir uns wieder vor der Sakristei."

„Das ist super, Holger. Danke vielmals."

Leider regnet es leicht, weshalb ich mich dazu entschließe, einen Bus zur Abtei zu nehmen. Ich frage mich nach der Haltestelle durch, wo ich nur wenige Minuten auf den Bus warte. Der Fahrer erklärt mir, an welcher Haltestelle ich aussteigen müsse. Nur wenige Stopps weiter weist er mich an auszusteigen, denn gleich auf der anderen Straßenseite befinde sich die Abtei. Dankend verlasse ich den Bus.

Der gepflasterte Platz vor der Abtei Sankt Matthias ist leer, der Souvenirshop noch geschlossen. In der Kirche bin ich neben einem älteren Herrn der einzige Besucher. Langsam schlendere ich durch die Gänge, bin aber zu erschöpft von den Strapazen der letzten Tage, um mir alles im Detail anzusehen. Eine Treppe führt hinab in eine Gruft, in der in einer Wandnische eine steinerne, durch feingearbeitete metallene Streben verschlossene Truhe steht. In ihr sollen die Gebeine des Apostel Matthias aufbewahrt sein. Man muss es glauben, denn sehen kann man es nicht. Was ich hingegen viel spektakulärer finde: Rund um alle Säulen der Kirche sind hölzerne, metallene oder steinerne Täfelchen mit Danksagungen angebracht, welche von verschiedenen Matthiasbruderschaften gestiftet wurden. Hier lese ich vertraute Ortsnamen wie Ochtendung, Mayen, Plaidt, viele Namen aus der Eifel, und nach langem Suchen finde ich endlich den vertrautesten Namen: Andernach; samt Stadtwappen auf einen Messingteller eingraviert. Das ist ein Foto wert.

Als ich die Kirche verlasse, fährt mir der Bus in Richtung Dom leider vor der Nase weg. Doch da es keinen Sinn macht, an der Haltestelle sitzen zu bleiben bis der nächste kommt, spaziere ich zu Fuß zurück in die Altstadt. Nach einer Woche im „Busch" schaue ich mir alles an und fühle mich ein wenig wie ‚George, der aus dem Dschungel kam': Tattoo Studios, Thai-Massage-Salons, Restaurants ... alles, was mein Herz begehrt. Bald erreiche ich die Fußgängerzone und komme an einem sehr ansprechenden Restaurant vorüber. Sein Name ‚Indo-Asian-Soup-Bar' lässt mir – nachdem ich zwei Monate zuvor in Thailand täglich eine Nudelsuppe zum Frühstück oder eine leckere Kokossuppe zum Abendessen hatte – das Wasser im Munde zusammenlaufen.

Suppenbar

„Die Erfahrung ist
wie eine Laterne im Rücken:
Sie beleuchtet stets nur das Stück Weg,
das wir bereits hinter uns haben."

– Konfuzius –

Ich betrete das kleine Restaurant. Es duftet herrlich nach Ingwer und Kreuzkümmel. Über die gesamte Länge der linken Wand ist eine durchgehende Bank angebracht, an der drei Tische mit je zwei Stühlen daran stehen. Rechts gibt es eine Sitzecke. Einzig ein Tisch auf der linken Seite ist frei. Während ich mich an ihn setze, grüße ich eine junge Frau in etwa meinem Alter, welche am Nebentisch sitzt und speist. Sie erwidert meinen Gruß freundlich.

„Deine Suppe sieht gut aus. Welche ist das?", frage ich.

„Sie ist auch wirklich lecker!" Die junge Frau nennt den Namen der Suppe.

„Ist sie dein Favorit?"

„Ich teste immer verschiedene durch, aber ich könnte nicht sagen, welche ich am besten finde; sie sind alle sehr gut."

Die Bedienung bringt mir das Menü. Ich lese darin, werde aber doch nicht sehr schlau daraus: „Ach, ich bestelle einfach die gleiche, die du hast.“

Die Bedienung nimmt meine Bestellung auf.

„Kommst du denn öfter hierher essen?“, frage ich meine Tischnachbarin.

„Ja, recht oft in der Mittagspause. Ich arbeite gleich um die Ecke. Kommst du auch aus Trier?“

„Nein, ich wohne in Andernach.“

„Und was machst du hier? Besuchst du die Heilig-Rock-Tage.“

„Ich steh‘ nicht so auf Rock und Metal.“

Wir lachen. Dann erzähle ich ihr von meiner Wanderung auf dem Eifel-Camino und von Holger, meinem Gepäcktransfer. Wir sprechen ein wenig über unsere Berufe und übers Reisen.

Meine Suppe wird serviert. Sie schmeckt hervorragend. Meine Tischnachbarin und ich plaudern noch eine Weile, bis sie gehen muss – ihre Pause ist vorüber. Ich reiche ihr die Hand zum Abschied: „Hat mich sehr gefreut mit dir zu plaudern.“

„Hat mich auch gefreut.“

„Sag mal: Sind hier in Trier alle Menschen so offen?“

„Ja, überwiegend schon. Die Trierer – beziehungsweise es sind auch oft die Studenten der Stadt – sind schon recht offen und sympathisch.“

„Finde ich gut.“

„So, ich muss leider los. Schönen Tag dir noch.“

„Danke. Und dir noch frohes Schaffen.“

Sie verlässt das Lokal, ich genieße weiter meine Suppe und den frischen Ingwertee. Erfreulich, wie freundlich und offen einem die Menschen hier begegnen. Da fühlt man sich gleich wohl. Oder liegt es nur an meiner eigenen inneren Zufriedenheit und der damit einhergehenden positiven Ausstrahlung? Sehr gut möglich. Denn ständig bemerke ich, wie andere Passanten mir entgegenlächeln, ohne dass ich irgendetwas dafür tue oder wir miteinander sprechen. Dagegen sehe ich in meinem normalen Alltag wahrscheinlich so viele lange Gesichter, weil ich selbst unzufrieden bin.

Ich könnte ewig an den Fenstern von Lokalen sitzen und den Menschen zusehen, oder durch Straßen und Gassen schlendern und mit Passanten Gespräche führen. Aber man soll bekanntlich aufhören, wenn es am schönsten ist.

Nachdem ich den Tee getrunken und die Rechnung bezahlt habe, mache mich auf den Rückweg zum Dom.

Kindergottesdienst

„Wer seinen eigenen Weg geht,
dem wachsen Flügel."

– aus dem Buddhismus –

Im Inneren des Doms herrscht nun deutlich mehr Betriebsamkeit als vorhin. Viele Gruppen von Kindergartenkindern mit ihren bunten Mützen füllen das Gotteshaus. Eine Schlange von Menschen bewegt sich langsam eine Treppe rechts des Altares hinauf. Auf Hinweisschildern lese ich, dass dort entlang der Weg zu jener Kammer führt, in welcher der Heilige Rock in einer Truhe aufbewahrt wird. Da ich schon einmal hier bin, schaue ich mir diese Sehenswürdigkeit natürlich an.

Es dauert eine Zeit, bis ich mich in der Schlange nach oben vor den von Menschen gefüllten Raum bewegt habe. Die Ordner geben ein paar Anweisungen, drängen hier höflich zum Weiter gehen, dort zum Abstandhalten und woanders zum Warten. Mir ist es viel zu gedrängt, aber was tut man nicht alles!? *Let's Rock!* ... oder so.

Bald betrete auch ich den Raum und komme bis an den Glaskasten heran, in dem sich eine von unzähligen Edelsteinen besetzte Truhe befindet. Und der Heilige Rock? Von dem sieht man nichts. Mann Leute! Wofür stehe ich denn so lange in der Schlange? Wegen einer Truhe? Oh, Jesses! Ich meine: Sie ist erstaunlich prachtvoll, ja – aber ich dachte, man könne den Heiligen Rock sehen.

Falls mich jemand beobachtet, wird er sich sicher fragen, warum dieser Vogel in Wanderklamotten erst ewig in der Reihe ansteht, sich dann nur zwei Sekunden die Truhe ansieht und sofort wieder geht. Aber lieber schaue ich mich ein wenig im Dom um; bis mir Bruder Jacek begegnet.

„Ah, der Pilger."

„Hallo Bruder Jacek."

„Hat Holger dir alles gezeigt?"

„Ja, es war eine wirklich interessante Domführung."

„Ich möchte dir auch noch einen Raum zeigen, wenn du magst. Komm mit!"

Durch Scharen von Kindern folge ich ihm die breiten Stufen hinauf und am Altar vorbei. Dahinter befindet sich eine Gittertür, welche der Bruder Jacek aufschließt. Durch sie steigen wir einige wenige Stufen hinab, bis wir vor einer weiteren Tür stehen. Auch diese öffnet er mit einem Schlüssel. Vor uns führt eine Treppe hinunter in den orthodoxen Gebetsraum, den ich vorhin bereits mit Holger besucht habe. Wir steigen hinab. Bruder Jacek öffnet die Kette, die den Eingang zum Altarraum verhängt. Gemeinsam betreten wir den Bereich dahinter. Ich bin begeistert von all dem Gold und Schmuck. Der Bruder erklärt mir einiges über den Gebetsraum, bevor wir ihn wieder verlassen.

Zurück im Hauptschiff des Domes begegnen wir nahe des Altares Holger.

„Ah, da bist du ja", begrüßt er mich.

„Bruder Jacek hat mich noch ein wenig herumgeführt."

„Du kommst gerade rechtzeitig zum Kindergottesdienst. Gleich erscheint der Weihbischof Jörg Michael Peters und leitet einen Gottesdienst."

„Das schaue ich mir an. Wann hat man schonmal diese Gelegenheit!?"

Sämtliche Gebetsbänke sind bereits vollständig von Kindern und Erzieherinnen besetzt. Auf die freien Flächen dazwischen werden Kissen und Matten gelegt, worauf sich noch viele weitere Kinder setzen können. Holger und ich nehmen auf einer kleinen Bank Platz, schauen in der Menge nach dem Rechten und beobachten den nun beginnenden Gottesdienst. Ein schlanker, großer Mann tritt an ein Rednerpult und spricht in das Mikrofon. Er begrüßt alle Anwesenden – ganz besonders die vielen Kinder – und heißt sie zu den Heilig-Rock-Tagen willkommen. Er erklärt die Bedeutung dieser Festtage kindgerecht, bevor er den Weihbischof ankündigt. Jener tritt – gekleidet in Gewand und mit Insignien – begleitet von Messdienern und anderen Geistlichen aus der Sakristei heraus und begibt sich in langsamem Schritt auf das Podium vor dem Altar zu. Auch er beginnt seine Ansprache mit einer Begrüßung der Kinder. Gemeinsam mit den Kindern wird gesungen. Danach dürfen einige von ihnen Fürbitten vortragen. Es ist ein wirklich schöner Gottesdienst, genau auf die Kinder abgestimmt. Zum Abschied singen alle gemeinsam noch ein weiteres Lied.

Als die Feier endet und Bewegung in die Menge kommt, folge ich Holger zur Sakristei. Wir betreten den Raum, in dem noch immer mein Rucksack liegt. Während ich zusammenpacke, werde ich fast ein wenig traurig darüber, dass die Pilgerreise nun ihr Ende findet.

Als der Rucksack bereit ist, wende ich mich an Holger: „Vielen lieben Dank für deine Hilfe und dafür, dass du dir heute so viel Zeit für mich genommen hast."

„Das habe ich sehr gerne gemacht, mein Lieber. Meine Telefonnummer hast du ja. Verena und ich würden uns sehr freuen, wenn du uns bald besuchen kämest."

„Liebend gerne."

Holger begleitet mich noch zur Tür der Sakristei, wo wir uns herzlich umarmen.

„Ich wünsche dir eine gute Heimfahrt, Florian", sagt er.

„Danke sehr. Schon verrückt, dass ich die Strecke, für die ich zu Fuß sieben Tage brauchte, nun in zwei bis drei Stunden zurücklegen werde."

„Genieße es, nicht zurück*laufen* zu müssen", sagt er lachend.

„Holger: Bleib' wie du bist! Wir sehen uns bald."

„Ich würde mich freuen. Tschüss! Mach's gut."

Ich verlasse die Sakristei. Der größte Teil der Besucher ist bereits fort, doch kleine Gruppen von Kindern und Erzieherinnen besichtigen noch den Dom. Die größte Aufmerksamkeit erregt jedoch der Weihbischof Peters, welcher sich zusammen mit den verschiedenen Kindergartengruppen fotografieren lässt. Ob auch ich ihn um ein gemeinsames Foto bitten soll? Ich bleibe stehen, überlege und warte einen geeigneten Moment ab, um meine Bitte an ihn zu richten. Doch da kommt Bruder Jacek, sieht mich, schaut zum Weihbischof, dann wieder zu mir, fasst mich am Arm und tritt mit mir an Weihbischof Peters heran.

„Herr Weihbischof", sagt er, „dieser junge Mann ist ein Jakobspilger und kam zu Fuß aus Andernach bis hier her nach Trier. Wären Sie so freundlich und würden Sich bitte mit ihm für ein gemeinsames Foto zusammenstellen?"

Herr Weihbischof Peters kommt dieser Bitte gerne nach. Ich gebe Bruder Jacek mein Smartphone, mit dem er einige Fotos von uns macht, während der Weihbischof und ich einander die Hände geben und ein paar Worte sowohl über seinen Gottesdienst, als auch über meine Wanderung wechseln. Ich danke Herrn Weihbischof Peters vielmals für die Fotos und verabschiede mich von ihm wie auch von Bruder Jacek, der mir feste die Hand drückt. Dann verlasse ich unter lächelnden Blicken umherstehender Besucher den Dom. Doch nach nur einigen Metern kommt mir ein Gedanke: Ich könnte auch Holger um ein gemeinsames Foto bitten! Also wieder hinein in den Dom! Schon vom Eingang sehe ich Holger, wie er mit seinen Kollegen die Gebetsbänke verschiebt.

„Da bist du ja wieder!", bemerkt er lachend.

„Ja, weil ich gerne ein gemeinsames Foto mit dir hätte."

„Klar, das machen wir."

Er bittet einen seiner Kollegen uns zu fotografieren. Ich zeige Holger das Bild, sowie stolz die vom Weihbischof und mir. Er ist erstaunt. Dann verabschieden wir uns erneut. Nun aber tschüss!

Heimfahrt

„Oft liegt das Ziel
nicht am Ende des Weges,
sondern irgendwo an seinem Rand."

– Ludwig Strauss –

Nieselregen fällt und ich bin schon wieder hungrig. Auf dem Weg zum Bahnhof gönne ich mir in einem asiatischen Restaurant etwas Leckeres, bevor ich die Heimreise antrete. Als ich durch die Porta Nigra trete, setzt stärkerer Regen ein. Glücklicherweise bin ich nicht erst heute auf der letzten Etappe nach Trier unterwegs. Danke Holger!

Am Gleis stehen ein paar Kindergartengruppen. Ich setze mich auf meinen Rucksack, bis der Zug einfährt. In der oberen Etage des Waggons finde ich zwei Sitzplätze direkt neben der Treppe; den einen für mich, den zweiten für meinen Rucksack. Ein Paar im Seniorenalter nimmt neben mir Platz. Der Herr ist gut gelaunt und zu vielen Scherzen aufgelegt, wodurch wir leicht ins Gespräch kommen. Die beiden erkundigen sich nach dem großen Rucksack, woraufhin ich von meiner Pilgerreise erzähle.

„Ach, der Eifel-Camino", bemerkt der Mann interessiert. „Den kennen wir. Der führt durch unseren Ort."

„So? Wo wohnen Sie denn?“, frage ich interessiert.

„In Bausendorf.“

„Ach was!? Da habe ich vor drei Tagen übernachtet. Bei Klaus und Kerstin Krämer. Kennen Sie sie?“

Die Frau ist erstaunt: „Hach, beim Krämers Klaus? Ja natürlich kennen wir Klaus und Kerstin.“

Ich lache. Kann die Welt wirklich so klein sein?

„Wie kamen Sie denn dazu?“, möchte der amüsierte Mann wissen, woraufhin ich ihm und seiner Frau von meiner Begegnung mit Klaus berichte. Beide folgen interessiert meiner Schilderung.

Eine Durchsage unterbricht uns. „Oh“, sagt der Mann, „hier müssen wir aussteigen. Ich wünsche Ihnen noch eine gute Heimfahrt.“

„Danke Ihnen. Grüßen Sie bitte Klaus und Kerstin, wenn Sie sie sehen.“

„Machen wir bestimmt“, bestätigt die Frau freundlich.

Diesen witzigen Zufall kann ich noch immer kaum fassen. Das Leben ist manchmal schon sehr verrückt.

An derselben Haltestelle, an der das Ehepaar den Zug verlässt, steigt eine junge Frau in etwa meinem Alter zu und nimmt auf dem mir gegenüberliegenden Sitz Platz. Sie spricht mich auf den Rucksack an, da sie zu Hause denselben habe. So vertiefen wir uns in Gespräche über das Reisen, woraufhin sie von meinen Erlebnissen der vergangenen Tage wissen möchte. Die junge Frau erzählt, dass sie in Hamburg wohne und nur wegen einem Seminar in der Gegend war. In Koblenz steigen wir dann beide aus und verabschieden uns voneinander. Ich danke ihr für das angenehme und sympathische Gespräch und bin einmal mehr erstaunt, wie vielen offenen Menschen man begegnet, wenn man sich selbst innerlich wohl fühlt und diese positive Energie nach außen hin ausstrahlt.

Es dauert nicht lange, bis der Regional-Express einfährt, in den ich umsteige. Bei Weißenthurm sehe ich den Rhein zwischen Häusern hindurch. Ein wenig freue ich mich nun doch darauf, nach Hause zu kommen; und auf mein eigenes Bett im VW Bus.

Der Zug fährt in den Bahnhof ein. Strahlend steige ich aus. Andernach hat mich wieder.

Ende

Auf dem Weg vom Bahnhof zum Haus meiner Eltern laufe ich durch den Schillerring, Ecke Stadionstraße. Erinnerst Du Dich? Dort, wo ich vor nun acht Tagen den Pilger gesehen und den inneren Ruf vernommen hatte, dem ich folgte?

Ich habe diesen Pilger auf meiner Wanderung nie gesehen. Unterwegs fragte ich mich oftmals ernsthaft, ob ihn überhaupt *irgendjemand* gesehen habe – außer mir ... dieses eine Mal.

Möglicherweise war er nur eine Einbildung;
eine Erscheinung?

War es vielleicht Gott?

Diese Frage muss wohl leider unbeantwortet bleiben.

Aber wer auch immer es war, ich bin ihm unsagbar dankbar, dass er zur richtigen Zeit am richtigen Ort war!

Über das Pilgern

Nun? Wann pilgerst Du?

Ich war sehr überrascht, wie viele der Menschen, denen ich begegnete, mir erzählten, dass sie ebenfalls gerne pilgern würden oder schon lange darüber nachdachten. Das beweist mir, dass der Wunsch nach einer Auszeit, nach Selbstfindung und Selbsterfahrung in unserer heutigen, oft so stressigen, hektischen und durchgeplanten Gesellschaft größer ist denn je. Die Menschen verlieren sich in Verpflichtungen, in der Arbeit und in Terminen.

Vielleicht träumst auch Du schon lange davon, einmal zu einer Pilgerreise aufzubrechen. Deshalb möchte ich mir an dieser Stelle erlauben, Dir zu erzählen, welchen Gewinn ich persönlich aus dem Pilgern ziehe, und Dir ein paar Ratschläge mit auf den Weg geben.

Falls Du also selbst mit dem Gedanken spielst, einmal zu pilgern, kann ich Dir nur nahelegen, es endlich zu wagen. Pilgern ist für mich eine sehr positive und meditative Bereicherung meines Lebens. Einmal wurde ich gefragt, warum ich – der ich keiner Konfession angehöre – nach Santiago de Compostela gelaufen bin; das sei doch nur etwas für religiös Motivierte.

Meine eigene Erfahrung hat mir jedoch gezeigt, dass gar nicht mal so viele Pilger den Jakobsweg aus religiösen Gründen gehen. Die meisten tun dies aus spirituellen Motiven. Sie gehen den Weg, um zu sich selbst zu finden. Sicher, es gibt auch jene, die durch eine Pilgerfahrt zu Gott finden wollen. Doch die meisten finden ihn – so ist jedenfalls meine persönliche Feststellung – in ihrer eigenen Seele; erkennen ihr eigenes wahres Selbst als Teil dessen, was sie als ‚Gott' bezeichnen.

Zu den häufigsten Motiven für eine Pilgerreise gehörten das Verlangen nach einer Auszeit von Alltag oder Beruf, aber auch der Wunsch, über einen schweren Schicksalsschlag hinweg zu kommen.

Besonders dann, wenn Du das Gefühl hast, Dich in Deinem Alltag und Deinen Pflichten zu verlieren, ist eine Pilgerreise die perfekte Auszeit. Dabei spielt es keine so große Rolle, ob Du eine Woche lang durch Deine Heimat wanderst oder über mehrere Wochen oder Monate auf einem der Jakobswege in Spanien oder Portugal; oder gar auf einem anderen Pilgerweg, wie jenen nach Rom oder Jerusalem. Das Bereichernde ist die Auszeit von Deinem Alltag mit seinen Verpflichtungen, Terminen und den – oft negativen – Gewohnheiten.

Bedeutend daran ist vor allem das Verlassen Deiner Komfortzone. Die Grenzen dieser Komfortzone sind oft gesteckt durch Deine Ängste, Sorgen und den „Rahmen des für Dich Möglichen und Altbewährten". Wir alle haben uns im Laufe der Jahre diese Komfortzone eingerichtet aus immer wiederkehrenden Tagesabläufen, der Wiederholung von Gewohntem und der Vermeidung von Ungewohntem. Widerholst Du aber stets nur das, was Du gewohnt bist, was Du bereits kennst, was sich bewährt hat und jenes, von dem Du weißt, dass Du es kannst, dann machst Du keine neuen Erfahrungen oder Fortschritte in Deinem Leben. Um aber Neues zu lernen und mental zu wachsen, bedarf es dieser neuen Erfahrungen und Eindrücke. Positive Veränderungen passieren jedoch nur äußerst selten innerhalb der Komfortzone. Ich wiederhole es noch einmal in anderen Worten: Du machst keine Fortschritte innerhalb Deiner Komfortzone!

Beim Pilgern trittst Du bewusst aus dieser Komfortzone und dem Tiefschlaf Deiner Fähigkeiten heraus, indem Du Dich neuen Herausforderungen und ungewohnten Situationen stellst. Sei es das tagelange Wandern auf langen und schwierigen Strecken; das sich Fortbewegen in ungewohnter Umgebung oder gar fremden Ländern; der spontane Kontakt mit fremden und meist hilfsbereiten oder inspirierenden Menschen; das Schließen neuer Kontakte und Freundschaften; die körperliche Anstrengung; die Beschränkung auf das Wenige, das in einen Rucksack passt; das Übernachten in fremden und vielleicht sogar unbequemen Betten, teilweise im selben Zimmer mit bisher fremden Menschen; gemeinsame Mahlzeiten mit bisher fremden Menschen; der Trotz gegen widrige Witterung wie Kälte, Hitze, Regen oder starkem Wind.

Wenn Du aus Deiner Komfortzone trittst, Dich ins Unbekannte wagst und all diesen Herausforderungen stellst, lernst Du Dich selbst und Dein ganzes Potenzial erst wirklich kennen.

Ich beispielsweise hätte vor meiner Wanderung auf dem Camino Francés in Spanien nicht gedacht, dass ich eine extrovertierte Seite habe, die gerne auf fremde Menschen zugeht und neue Kontakte knüpft. Oder dass ich mit nur einem einzigen Ruhetag innerhalb von 38 Tagen 880 Kilometer durch Spanien gehen könnte; 550 Kilometer davon in Flipflops!

Vielen Menschen verhilft diese Auszeit während des Pilgerns zu neuer Kreativität und Inspirationen; aber auch, schwere Trauer oder Selbstzweifel zu überwinden sowie mit Schicksalsschlägen fertig zu werden.

Das Gehen und der tägliche Aufenthalt in der Natur bringen Dich Dir selbst näher. Du hast unterwegs nicht viele Möglichkeiten, Dich von Dir selbst abzulenken. Durch Musik oder Hörbücher vielleicht; aber diese Ablenkungen empfehle ich, in Grenzen zu halten. Das Fehlen von Ablenkungen führt zwangsläufig dazu, dass Du Dich mit Dir und Deinem Geist beschäftigst. Mit Deinen Gedanken, Glaubenssätzen, Überzeugungen, Deiner Vergangenheit und Deiner Zukunft. Aber vor allem mit Deiner Gegenwart. Jedenfalls wünsche ich Dir das.

Das Pilgern ist eine geeignete Gelegenheit, Dir selbst neu zu begegnen und Dich zu fragen, was Du in Deinem Leben *wirklich wirklich* willst. Das doppelte *wirklich* ist Absicht, denn wenn Du Dich nur fragst „Was will ich?“, wird Dir möglicherweise viel Unsinn einfallen; vor allem viele gegenständliche und oberflächliche Ideen. Umso mehr, wenn Du diese Frage versuchst, allein durch deinen Verstand zu beantworten. Ich empfehle Dir, die Frage „Was willst du *wirklich wirklich*?“ bewusst an Deine Seele zu richten. Denn die Erfülltheit unserer Seele ist meiner Meinung nach das Wichtigste in unserem Leben; das höchste Ziel.

Wie Du diese Frage an Deine Seele richtest? Am besten durch Meditation. Entweder durch eigenständige oder durch eine geführte Meditation. Zum Beispiel die mit Namen „Der Berg Deiner Seele“ von Veit Lindau.

Nun sagst Du vielleicht, Du möchtest zwar gerne pilgern, traust Dich aber nicht, das allein zu tun – hast aber auch niemanden, der Dich begleiten könnte. Gerade *dann* solltest Du allein gehen. Tu das, wovor Du Angst hast! So erreichst Du die größten Erfolge in Deiner persönlichen Entwicklung.

Gehe allein – das empfehle ich beim Pilgern generell –, denn so hast Du die beste Möglichkeit, Dich voll und ganz auf Dich, Deine Ängste, inneren „Baustellen", Träume, Pläne, auf Deine Vergangenheit, Deine Zukunft und Deine persönliche Entwicklung zu fokussieren. Eine weitere Person lenkt Dich ab. Du würdest Dich zu sehr auf sie fokussieren. Ob nun, weil Du Dich ihrer Geschwindigkeit anpasst, oder Dich unter Druck gesetzt fühlst, wenn sie sich der Deinen anpasst. Oder weil ihr ständig gemeinsame Absprachen treffen und Kompromisse finden müsst.

Pilgere allein! Oder besser gesagt: Pilgere bewusst nur mit Dir selbst. Du hast doch *Dich*; so bist Du nicht einsam. Und wenn Du dennoch Angst vor dem Alleinsein hast, darfst Du die Gelegenheit nutzen, Dich dieser Angst zu stellen und Dich mit Dir selbst anzufreunden.

Vielleicht sagst Du aber auch, Du würdest gerne pilgern, seist aber zu unsportlich und Dir fehle die nötige Kondition. Hattest Du jemals einen großen Erfolg, ohne dafür lernen, trainieren oder üben zu müssen? Jede Leistung erfordert Übung; vor allem sportliche. Fange klein an. Du kannst nach der Arbeit ein oder zwei Stunden marschieren. Damit meine ich keine Spaziergänge, sondern Märsche, bei denen Du so stramm gehst, dass sich Dein Puls erhöht, aber auch nicht so schnell, dass Du aus der Puste kommst. Steigere Dich allmählich. Suche Dir immer schwierigere und steilere Strecken. An freien Tagen kannst Du Wanderungen machen. Vielleicht erstmal nur zehn Kilometer, dann fünfzehn, irgendwann zwanzig oder gar mehr. Trage dabei die Kleidung, in der Du auch pilgern möchtest, und den Rucksack, der Dein Begleiter werden soll. Fülle ihn mit Gewicht, welches Du ebenfalls nach Belieben steigern kannst.

Es ist nicht ratsam als, wenig sportlicher Mensch gleich eine Pilgerfahrt zu starten, ohne vorher trainiert zu haben.

Überlege Dir auch gerne vor dem Pilgern, zu welchen Fragen Du unterwegs Antworten finden möchtest; mache Dir bewusst, was Deine „Probleme" und „Baustellen" im Leben sind. Schreibe Dir diese Fragen gerne auf, vielleicht in ein Tagebuch, welches Du mitnimmst, und schaue Dir unterwegs immer wieder eine dieser Fragen an. Lass sie beim Wandern wirken und sei gespannt, welche Antworten aus Deinem Inneren oder gar von außen kommen werden.

Nun aber genug erzählt. Reisende soll man bekanntlich nicht aufhalten. Also los! Ab mit Dir!

Buen Camino!

Danke

Ich möchte an dieser Stelle all den Menschen
von Herzen danken, denen ich auf dem Eifel-Camino
begegnet bin und die jene Pilgerfahrt
zu dem besonderen Erlebnis machten, das es für mich war.

Jedem, der mir mit einem freundlichen Gespräch
den Tag verschönerte
oder mich mit Rat und Tat unterstütze.

Doch vor allem danke ich all den vielen Menschen,
die mich mit offenen Herzen empfingen,
die mir ihre Türen öffneten, mich zu Tisch baten
oder mir eine Bleibe für die Nacht boten –
und mir damit die größten Geschenke machten,
die ein Mensch einem anderen machen kann:
Ihr Vertrauen und ihre Freundschaft.

Herzlichen Dank an

Werner
Heinz
Rainer
Erika und Dominic
Herby und Jana
Karl und Sigrid
Walter und Irene
und Natascha *(für deinen A***h-Tritt)*

Dir hat diese Erzählung von meinen Pilgererlebnissen auf dem Eifel-Camino gefallen?

Sie konnte Dich dazu inspirieren, selbst endlich Deine Träume von einer eigenen Pilgerreise in die Tat umzusetzen?

Du bist selbst den Eifel-Camino gewandert?

Du hast Feedback für mich oder möchtest gerne mir mit in Kontakt treten?

Dann schreibe mir gerne:

offene_herzen_offene_tueren@web.de

Ich freue mich über Deine Nachricht!

Über den Autor

Florian Koßmann, 1988 in Andernach am Rhein geboren – in der Welt zu Hause. Wandervogel, Freigeist, Jakobspilger. Entdeckt früh seine Leidenschaft für das Reisen. Tourt im VW Bus durch Europa, bereist als Backpacker ferne Länder, pilgert auf dem spanischen Jakobsweg *Camino Francés*. Mit der Wanderung auf dem Eifel-Camino durch seine Heimat entdeckt er die Freude am Schreiben.
„*Offene Herzen, offene Türen. Begegnungen auf dem Eifel-Camino*“ ist seine erste Reiseerzählung.